Herzliche Wünsche und guten Frieden?
für Engelhard Boehncke,
herzlich, der
Karl H. Henning

Jan 2005.

©   Verlag Zabert Sandmann
München
1. Auflage 2004
ISBN 3-89883-099-3

Grafische Gestaltung   Georg Feigl
Reportagefotos   Alexander Haselhoff
(alle anderen Fotos siehe Bildnachweis)
Redaktion   Edelgard Prinz-Korte, Kathrin Ullerich
Herstellung   Karin Mayer, Peter Karg-Cordes
Lithografie   inteca Media Service GmbH, Rosenheim
Druck & Bindung   L.E.G.O., Vicenza

Besuchen Sie uns auch im Internet unter www.zsverlag.de
und www.herrmannsdorfer.de

Umwelthinweis: Dieses Buch wurde auf chlorfrei gebleichtem Papier gedruckt.

KARL LUDWIG SCHWEISFURTH

DAS BUCH
vom
GUTEN
FLEISCH

ZABERT
SANDMANN

INHALT

Der Wert einer Kultur
bemisst sich daran, wie sie sich
gegenüber Tieren verhält.

Mahatma Gandhi

Warum mir dieses Buch am Herzen liegt

Es war Anfang der 80er-Jahre. Ich hatte in meinem Unternehmen gerade ein großes Schlachthaus gebaut, mit all den schweren technischen Geräten, mit denen am Fließband dreihundert Schweine in der Stunde geschlachtet wurden! Die Tiere, die damals schon überwiegend aus landwirtschaftlicher Intensivhaltung in Niedersachsen stammten und auf »gute Fleischleistung« hochgezüchtet waren, kamen nervös und gestresst bei uns an. Das konnte man deutlich sehen. Manche überstanden die Aufregung des Transportes nicht, sie bekamen einen Herzinfarkt. Das Fleisch der Tiere war weiß und wässrig. Wir hatten Probleme, gute Schinken und Würste daraus zu machen. Es war keine Freude mehr, ein Kotelett oder ein Schnitzel zu essen, sie waren zäh, trocken und ohne wirklich guten Geschmack. Die schwarzbunten Rinder waren inzwischen durch Einkreuzen der amerikanischen Holstein-Friesen-Rasse so auf »gute Milchleistung« hochgezüchtet, dass sie fast nur noch aus einem Rieseneuter bestanden. Gutes Fleisch, das man zum Braten oder Kochen verwenden konnte, lieferten sie kaum noch. Wenigstens nicht für den, der Wert auf Qualität legt – auf Wohlgeschmack, Zartheit und Saftigkeit eines Steaks.

Erste Zweifel kommen auf

So machte sich bei mir immer mehr ein Gefühl breit, dass etwas mit der Aufzucht und Haltung landwirtschaftlicher Nutztiere nicht stimme. Die ersten Zweifel kamen auf, die heute, zwanzig Jahre später, zur Gewissheit geworden sind. Wir haben Fehler gemacht, wir haben übertrieben und bäuerliche Tierhaltung in industrielle Produktion verwandelt, mit dem Ziel, die Tiere auf immer höhere Leistungen zu trimmen. Die Menschen wollten immer mehr Fleisch, Milch und Eier, immer schneller, immer intensiver, und das alles mit billigem Futter aus aller Herren Länder. All das ging zu Lasten der angeborenen, lebensnotwendigen Bedürfnisse der Tiere nach guten Lebensbedingungen, gutem Futter, Licht, Luft und Bewegung. Das Ergebnis war deutlich sichtbar: Die Tiere hatten eine geringere Lebenserwartung, litten häufiger an Krankheiten und wurden unfruchtbar.

Ich bin damals hinausgegangen in die landwirtschaftlichen Betriebe, die zwar äußerlich immer noch wie altvertraute Bauernhöfe aussahen, aber innen hinter den verschlossenen Stalltüren nach Methoden industrieller Produktion hochspezialisiert arbeiteten und hochintensiv Tiere, Milch oder Eier produzierten. Ich sah, dass die Bauern gezwungen waren, alle Möglichkeiten, die Wissenschaft und Technik ihnen zur Produktionssteigerung boten, auch zu nutzen. Es war zwar ein gewisser Stolz über den Fortschritt zu spüren, über die großen Maschinen, all die Technik und die rationellen Stalleinrichtungen. Es gab aber auch viel Gedankenlosigkeit: Alle machten es so, und die landwirtschaftlichen Berater sagten, dass das modern wäre. Und es war natürlich auch der ökonomische Druck bei den Bauern zu spüren, die Notwendigkeit und der Zwang, »alle Ecken auszutanzen«, um wirtschaftlich zu überleben.

Der gnadenlose Preiskampf der größer und mächtiger werdenden Handelsunternehmen, der nirgendwo so stark ausgeprägt war wie bei Lebens-Mitteln, drückte die Preise der Hersteller unbarmherzig, und die wiederum drückten die Preise in der Landwirtschaft. Ein unseliger Prozess, der eigentlich keine Schuldigen kannte, sondern Prinzip der freien Marktwirtschaft war und ist.

Was wir lange alle nicht merkten, war das langsame unmerkliche Sinken der Qualität unserer Lebens-Mittel. Wir lernten alle Möglichkeiten moderner, arbeitsteiliger Technik auszuschöpfen, die billigsten Rohstoffe von überall her einzusetzen und alle gesetzlich zugelassenen Hilfs- und Zusatzstoffe auch »raffiniert« zu nutzen. »Naturidentische« Aromen, die eine hochentwickelte Industrie uns zur Verfügung stellte, halfen uns, auf langen Transporten und durch lange Lagerung verloren gegangene Frische und Geschmack wiederherzustellen. Was mich aber vor allem tief berührt hat, war die Tatsache, wie schlimm und gedankenlos wir mit den Tieren umgehen, die wir töten müssen, um uns von ihnen zu ernähren. Es ist ein Gebot der Ethik, sie achtsam zu behandeln, denn sie sind nach dem Gesetz und unserem christlich abendländischen Verständnis unsere Mitgeschöpfe. Es ist aber auch ein Gebot der Vernunft, mit den uns anvertrauten Tieren verantwortungsbewusst umzugehen und sie gut zu füttern. Ich selber hatte bis dahin kein schlechtes Gewissen und ich spürte auch, dass kaum jemand, weder Bauern, noch Hersteller, noch Händler, noch Wissenschaftler und Techniker, die hinter allem Fortschritt standen, ein Unrechtsbewusstsein hatten; wir waren alle ahnungslose Kinder unserer modernen Zeit.

Mir wurde damals klar, mehr intuitiv als vom Verstand geführt, dass wir hier gravierende Fehler machten, dass wir uns zu weit von der Natur entfernt hatten, ja, dass wir inzwischen gegen die Natur arbeiteten. Aber ich begann zu begreifen, dass Fehler zu machen keine Schande ist, dass aber der, der Fehler erkennt, alles tun muss, was in seinen Kräften steht, die Fehler zu korrigieren. Wer das nicht tut, macht sich schuldig, auch wenn er weiß, dass er einen steinigen Weg beschreitet. Es dauerte noch einige Jahre, um die Zweifel in mir wachsen zu lassen. Im Januar 1984, während einer Fastenperiode, war die Idee geboren: Ich steige aus und beginne noch einmal von vorne, mit den Erfahrungen von dreißig intensiv gelebten Jahren. Das war der Anfang der Herrmannsdorfer Landwerkstätten und der Schweisfurth-Stiftung. Seitdem beschäftigen mich Fragen, wie eine Agrar- und Ernährungskultur in Zukunft aussehen könnte, die den Namen Kultur verdient: im

Sinne des lateinischen Ursprungs pflügen – pflegen – verehren. Wie müssen wir mit den Tieren umgehen, die wir nutzen? Achtsam und verantwortungsbewusst. Wie müssen wir mit der Natur umgehen, von der wir leben, die uns ernährt und deren Teil wir sind? Was müssen wir tun und was unterlassen, damit unser tägliches Brot wieder den Namen Lebens-Mittel verdient, das zu essen Freude macht und dem Körper gut tut? Ich habe allen Tieren, die wir essen, einmal versprochen, nichts von ihnen, das essbar ist, achtlos wegzuwerfen. Das sind wir den Tieren schuldig, die wir töten, um selbst zu leben. Das ist ein Gebot der Wertschätzung und des Respekts gegenüber der Kreatur.

Ich habe die zwei Welten des Fleisches kennen gelernt, die der industriellen »Produktion« und die der handwerklich ökologischen »Erzeugung«. Ende der 90er-Jahre habe ich ein erstes, handgemachtes Buch herausgebracht, in dem ich meine Lebenserfahrungen rund um das Fleisch, die Kenntnisse eines alten Metzgermeisters, niedergeschrieben habe. Dieses Buch wird nun in ergänzter, überarbeiteter Form einem breiten Publikum zugänglich gemacht.

Karl L. Fenninger

DER WERT DER
LEBENS–MITTEL

Alles ist mit allem verbunden

»Der Mensch ist, was er isst!«, formulierte der Philosoph Feuerbach vor etwa 150 Jahren und sprach aus, was kluge Denker und Ärzte schon immer mehr oder weniger deutlich sagten. Die Ersten, die so dachten und handelten, waren Hippokrates (um 400 v. Chr.), der große Arzt und Heiler im alten Griechenland, Hildegard von Bingen (Äbtissin und Naturheilkundlerin im 12. Jahrhundert) und natürlich Paracelsus (um 1500 n. Chr.) mit dem berühmten Satz: »Lasst Lebensmittel eure Medizin sein und Medizin sei eure Nahrung.« Heute muss man, wenn man sich mit der Ernährung des Menschen beschäftigt, außerdem sagen: »Jedes Lebewesen ist, was es frisst.« Das ist von großer Bedeutung bei den Tieren, von denen wir leben, von deren Milch, Eiern oder Fleisch wir uns ernähren. Ernährungswissenschaftler und Ärzte haben sich in der Vergangenheit überwiegend über die Zusammensetzung der Speisen Gedanken gemacht: Wie viel Eiweiß, wie viele Fette und wie viele Kohlenhydrate enthalten sie?

Bei fast allen schreibenden Köchen heißt es meist lakonisch: »200 g Lende« oder »eine Kalbshaxe«. Von der Herkunft der Tiere, von der Art ihrer Fütterung, ihrer Behandlung und Schlachtung durch den Metzger ist kaum die Rede. Auch nicht von Farbe und Konsistenz guten Fleisches und nicht von Farbe und Konsistenz des anhaftenden oder eingewachsenen Fettes. Kein Wunder, dass viele, auch gebildete Zeitgenossen meinen, eine Lende sei eine Lende, ein Kotelett sei ein Kotelett, ein Schnitzel sei ein Schnitzel etc. Übertragen auf andere Lebens-Mittel würde das bedeuten: Ein Ei ist ein Ei, Milch ist gleich Milch, Gemüse ist Gemüse, Obst ist Obst … Welch ein Irrtum, wie sich mittlerweile herausstellt. Ein Ei ist mitnichten ein Ei, ein Schnitzel ist mitnichten ein Schnitzel.

Die »innere« Qualität der Lebens-Mittel

Diejenigen, die über sich und die Welt nachdenken, kommen bald durch eigenes Nachdenken darauf, welch immense Bedeutung die Herkunft der Lebens-Mittel und ihre Entstehungs- oder Wachstumsweise auf ihre »innere« Qualität hat. Misst man im stofflichen Bereich die chemische Zusammensetzung nach Eiweiß, Fett, Kohlenhydraten, Vitaminen, Mineralien etc., wird man kaum Unterschiede feststellen. Ob Lebens-Mittel konventionell, intensiv und schnell produziert wurden unter Nutzung aller technischen Möglichkeiten und mit billigem Futter oder ob Lebens-Mittel unter natürlichen Bedingungen gewachsen sind und die lebensfördernden Energien und Wirkungen sich »entfalten« und »entwickeln« konnten, ist mit den heute anerkannten Methoden nicht messbar.

Eindeutige wissenschaftlich abgesicherte Methoden zur Bestimmung dieser »inneren« Qualität gibt es (noch) nicht. Hier hilft es, auf die Signale des eigenen Körpers zu hören. Er sagt genau, welche Nahrung gut und schlecht für ihn ist. Und es hilft uns, wenn wir kritisch darüber nachdenken, wo unsere Lebens-Mittel herkommen und wie natürlich oder wie »künstlich« sie entstanden sind. Die wirklich wichtigen Dinge sind

»Der Mensch ist, was er isst!« Mehr denn je sollte sich der Mensch über das, was er mit der Nahrung zu sich nimmt, Gedanken machen. Was die Tiere zu fressen kriegen und wie sie behandelt werden, nimmt der Mensch mit Milch, Eiern und Fleisch wieder zu sich.

ganz einfach: Gesundheit und Wohlbefinden des Menschen sind abhängig von Gesundheit und Wohlbefinden der Tiere, die Milch, Eier und Fleisch liefern. Deren Gesundheit ist wiederum abhängig von der Gesundheit der Pflanzen, die sie fressen. Und diese holen sich ihre Gesundheit wiederum aus der Fruchtbarkeit des guten, lebendigen Mutterbodens. Schon Nietzsche hat gesagt, dass die wichtigen Dinge des Lebens einfach seien: »Sie haben etwas Lässiges, sie liegen wie Kühe auf der Weide.«

Oder andersherum: Auf einem durch langjährige Monokulturen »verarmten« Boden finden Pflanzen nicht mehr die lebensnotwendigen Stoffe und Energien, die sie in natürlichem, gutem Mutterboden finden. Sie wachsen zwar dank synthetischer Düngemittel und des Einsatzes vielfältiger chemischer »Pflanzenschutzmittel«, aber es ist immer weniger drin an Stoffen, Kräften und Wirkungen, die die Natur in gesunde Pflanzen hineinlegt. Menschen und Tiere, die sich von solchermaßen »verarmten« und »leeren« Pflanzen ernähren, sind langfristig ebenfalls unter- oder fehlernährt. Gleiches geschieht Menschen, die Fleisch, Eier oder Milch von einseitig ernährten, auf Höchstleistung gezüchteten Tieren zu sich nehmen. Mit der Zeit stellen sich Mangel und Unterversorgung ein, die schwerwiegende Folgen für Gesundheit, Wohlbefinden und ein kraftvolles Leben haben.

Im Einklang mit der Natur denken und handeln

Wenn es um die Qualität der von Tieren stammenden Lebens-Mittel geht, also von Milch, Fleisch, Eiern und allem, was daraus gemacht wird, ist es sinnvoll, der Natur auf die Finger zu schauen. Was fressen die Rinder, Schafe, Ziegen, Schweine, Hühner, Enten, Gänse und Puten, wenn sie frei wählen können und in einem Umfeld leben, in dem auch das wächst, was sie brauchen? All die Tiere sind, von ihrem Instinkt gesteuert, sehr wählerisch. Sie fressen nur das, was ihnen taugt. Alles andere lassen sie unberührt stehen.

Rinder würden freiwillig keine Tierkörpermehle fressen und Kälber keine so genannten Milchaustauscher. Sie würden einen weiten Bogen darum machen. Rinder würden von dem Reichtum der Gräser und Kräuter auf natürlichen Weiden und Almen das Feinste auswählen. Schweine würden im Boden wühlen und die vielen Wurzeln, Würmer, Käfer und Larven fressen.

Das geht natürlich in unserer modernen Welt so nicht mehr. So etwas zu fordern wäre allzu romantisch. Aber wir können genau hinschauen, was Tiere wirklich für ein gutes Leben brauchen, und versuchen, bei der Auswahl des Futters möglichst nahe an der Natur zu bleiben. Das sind wir den Tieren und ihrem Wohlergehen schuldig; das sind wir uns schuldig, denn wir leben von den Tieren.

In der letzten Zeit gibt es zunehmend ernst zu nehmende Untersuchungen, die den Zusammenhang von gutem, natürlichem Futter unserer Nutztiere und der Qualität der von solchen Tieren stammenden Lebens-Mittel nachweisen. Ökologisch denken und handeln bedeutet vor allem, in »besserem« Einklang mit der Natur zu wirtschaften. Wer das zur Leitlinie bei der Erzeugung der Lebens-Mittel macht, dient der Natur, d.h. er tut etwas für die Natur, er dient den Tieren, d.h. er tut etwas für die Tiere, und er dient den Menschen, denn er tut etwas für das Wohlergehen und die Gesundheit.

Der Kreislauf der Natur: Gesundheit und Wohlbefinden der Menschen sind abhängig von Gesundheit und Wohlbefinden der Tiere, die wiederum von der Gesundheit der Pflanzen abhängig sind. Und Pflanzen brauchen einen fruchtbaren Mutterboden.

Ist noch »Leben« in unseren Lebens-Mitteln?

Ich habe in den Jahren des Aufbaus der Herrmannsdorfer Landwerkstätten und bei der Entwicklung von Lebens-Mitteln in ökologischer Qualität viel über die Zusammenhänge von Ernährung und Gesundheit nachgedacht und erfahren. Die Schweisfurth-Stiftung hat Forschungsaufträge vergeben, um mit anderen als den bekannten, heute angewandten chemischen Methoden ökologische Lebens-Mittel-Qualität zu erkennen und zu bestimmen. Ich habe Wissenschaftler gefragt, was den umfassenden Wert von gesunden und lebensfördernden Lebens-Mitteln ausmacht. Ich habe gelernt, dass es mehr sein müsse als die Summe der messbaren Bestandteile wie Eiweiß, Fett, Kohlenhydrate, Vitamine, Mineralien etc.

Was aber ist das MEHR? Sind es neben den Vitaminen die Enzyme, denen seitens der Wissenschaft immer mehr Bedeutung für den Stoffwechsel und für das allgemeine Immunsystem beigemessen wird? Gibt es noch andere Wirkungen und ordnende Kräfte in den Lebens-Mitteln, die wir bisher nicht kennen? Eindeutige wissenschaftliche Antworten darauf gibt es noch nicht – und wird es vielleicht auch so bald nicht geben bei der unendlichen Komplexität der Zusammenhänge. Die Ernährungswissenschaft beschäftigt sich überwiegend mit der Zusammensetzung der Ernährung, ob z.B. mehr pflanzliche oder weniger tierische Nahrung gesünder und bekömmlicher sei oder wie viel Eiweiß und wie viel Fett in der Nahrung sein sollen. Alle warnen vor Weißmehl und weißem Zucker, fast alle warnen vor zu viel tierischen Fetten. Einige empfehlen, möglichst viele rohe Lebens-Mittel zu verzehren.

Unsere Lebens-Mittel sind leer

Es gibt unzählige Diäten, die Wunder für Gesundheit und Schlankheit versprechen. Die Forschung weiß inzwischen erstaunlich viel über die verschiedenen Vitalstoffe und deren Wirkungen; sehr vieles ist jedoch noch nicht erforscht. Die Wissenschaftler sprechen von Vitalstoffen oder Nährstoffen, wenn sie die Bedeutung der wasser- und fettlöslichen Vitamine, der Enzyme, der Mineralien und der Spurenelemente erklären. Sie klagen, dass die Nährstoffdichte in unserer Nahrung immer geringer geworden ist. Unsere Nahrungsmittel seien »leer«. Da haben die Wissenschaftler wohl Recht. Wir pasteurisieren, sterilisieren, erhitzen ultrahoch, um eine längere Haltbarkeit zu bekommen, und zerstören dabei Leben. Deshalb empfehlen Wissenschaftler und Ärzte, das, was fehlt, durch Nahrungsergänzungsmittel zu ersetzen.

Ich dagegen meine, dass es mehr Sinn macht, an die Wurzeln des Übels zu gehen und dafür zu sorgen, dass unsere Lebens-Mittel wieder »voll« werden, sodass kein Mangel mehr entstehen kann. Die Apotheke der Natur hält alles für uns bereit. Wir dürfen nur nicht zu viel manipulieren und glauben, wir könnten die Natur überlisten. Die Erhaltung des ursprünglichen inneren Wertes unserer Lebens-Mittel sowie deren

Was ist drin in unseren Nahrungsmitteln? Durch Pasteurisieren, Sterilisieren, Hocherhitzen wird Leben zerstört. Die Lebens-Mittel sind »leer«.

Geschmacks- und Genusswert – Stufe für Stufe der Erzeugung vom Feld bis auf den Tisch – sind wichtig, und nicht die Verlängerung der Haltbarkeit oder das ansehnliche Äußere. Wir brauchen lebendige Lebens-Mittel – und nicht tote Nahrung.

Ich weiß aus eigener, mehr als fünfzigjähriger Erfahrung, was man heute dank Wissenschaft und Technik bei der Herstellung von Lebens-Mitteln alles machen kann, im Hightech- und Highchem-Ackerbau, in der Hochleistungsviehzucht und Hochleistungssaatzucht und bei der Verarbeitung von Pflanzen und Tieren zu den Lebens-Mitteln, die wir dann zubereiten und verspeisen. Wir haben uns sehr weit von der ursprünglichen Natürlichkeit und von dem, was wir früher handwerklich erzeugten, entfernt. Vieles, was wir als Fortschritt empfanden, war gut, vieles müssen wir heute in Zweifel ziehen, wissen wir doch, dass »sterilisieren« zwei Bedeutungsinhalte hat: haltbar machen und unfruchtbar machen!

Das alles macht nachdenklich. Könnte es sein, dass wir bei dieser rationalen Denkweise etwas Wichtiges aus den Augen verloren haben: die ursprüngliche, lebensfördernde Frische? Das Leben in den Lebens-Mitteln? Die deutsche Sprache verwendet das Wort »Lebensmittel« und will zum Ausdruck bringen, dass es um Leben geht, dass Lebens-Mittel Leben vermitteln und lebensfördernd sein sollen. Das angelsächsische Wort »food« hingegen bringt das nicht zum Ausdruck. Wir schreiben Lebens-Mittel deshalb mit Bindestrich, um ihre wörtliche Bedeutung als Mittel zum Leben deutlicher zum Ausdruck zu bringen.

> Sind Lebens-Mittel noch Mittel zum Leben? Eine Rückbesinnung auf die ursprüngliche lebensfördernde Frische, die Leben vermittelt, muss stattfinden.

Der Körper lügt nicht und vergisst nichts

Die richtige Ernährung ist ein wichtiger Faktor für ein vitales Leben, wichtiger für die Stärkung des allgemeinen Immunsystems als manche aus Pflanzen extrahierte Mittel oder gar solche, die als naturidentisch bezeichnet werden und in der Regel synthetisch sind. Die heute allgemein übliche Zugabe von Hilfsstoffen soll in Lebens-Mitteln etwas ersetzen, was ursprünglich da war und durch Lagerung, Haltbarmachung, technische und chemische Eingriffe verloren gegangen ist.

Essen Sie, unter Beachtung einiger wichtiger Grundmuster, was Ihnen Freude macht und was Ihnen schmeckt, ohne sich ständig vom schlechten Gewissen peinigen zu lassen und ohne das ständige »Ich sollte, ich müsste, ich dürfte eigentlich nicht …« Vertrauen Sie ruhig Ihrem Magen und Ihrem Körper. Die zeigen Ihnen schon, was gut für Sie ist, wenn Sie aufmerksam hinhören. Dazu sagt der informierte Verstand, dass man mit Zucker, Weißmehl, Pralinen, Schokolade oder Gummibärchen vorsichtig sein sollte. Aber an einem Tag in der Woche sollten Sie wenig oder besser nichts essen, wie das in allen Religionsschriften nachzulesen ist. Und einmal im Jahr sollten Sie für eine Woche oder mehr fasten – unter ärztlicher Anleitung. Oder eine Ayurveda-Reinigungskur (indisch: das Wissen vom Leben) machen, die nach uraltem indischen Erfahrungswissen den Körper innerlich und äußerlich von Schlacken befreit. Heilfasten reinigt den Körper und entgiftet ihn. Vor allem aber macht es den Kopf frei von allem Informationsmüll, der sich im Laufe der Zeit dort angesammelt hat. Nur ein freier Kopf öffnet sich für neues Denken. Bei aller Aktivität im täglichen Leben: Setzen Sie sich einmal am Tag hin, seien Sie ganz still, horchen Sie nach innen und befreien Sie sich aus dem unendlichen Strom der Informationen, der uns ständig umspült. Unser Leben ist so voll von Stress und Hektik, dass im Gegensatz dazu konzentrierte Ruhepunkte (überlebens-)notwendig sind.

Achten Sie auf die Zeichen Ihres Körpers

Gönnen Sie sich täglich einen Moment der Ruhe und Besinnung und befreien sich von Hektik und Stress des Alltags.

Und seien Sie vorsichtig gegenüber den Rezepten und Anleitungen für gesunde Ernährung, welche die Fachleute in sich widersprechender Fülle und mit dem Anspruch »höheren« Wissens für uns bereitstellen. Seien Sie skeptisch gegenüber all den verschiedenen Diäten fürs Schlankwerden. Sie schaden meist mehr als sie nützen. Lernen Sie wieder, sich selbst und die Welt ringsum zu beobachten, denken Sie über sich und die Welt nach und bilden Sie sich Ihr eigenes Urteil. Sie sind der Experte für Ihr Leben. Sie können selbst am besten und immer von neuem herausfinden, was wirklich gut für Sie ist. Ihr Körper lügt nicht, er gibt Ihnen die richtigen Antworten. Lernen Sie wieder auf die untrüglichen Zeichen des Körpers zu achten.

Gegen die Maßlosigkeit in wichtigen Dingen des Lebens, insbesondere gegen die Maßlosigkeit des Essens, des Zuvielessens, gab und gibt es drei Bremsen: den Zwang, die Armut und den Willen. Den Zwang durch irgendeine höhere Instanz lehnen wir, durch Schaden klug geworden, ab. Die Armut haben wir – Gott sei's gedankt – weitgehend überwunden. Bleibt also nur der eigene Wille. Wenn Sie wirklich etwas wollen und es für sich beschließen, so wird es auch Wirklichkeit, so tritt es ein.

Lebens-Mittel als Apotheke der Natur

»Enzyme, früher auch Fermente genannt, steuern das Leben in unserem Körper. Ein Mangel löst Krankheiten aus. Enzyme unterstützen massiv die körpereigenen Abwehrkräfte unseres Immunsystems und ermöglichen es, dass der Körper in der Regel sich selbst zu heilen vermag. Das Immunsystem und das körpereigene Abwehrsystem können nur funktionieren, wenn die richtigen Enzyme in der notwendigen Menge stets vorhanden sind. Ist das nicht der Fall, so bricht das körpereigene Immunsystem zusammen, Krankheit ist die Folge.« (Dr. P. Trattenbach: Enzyme – Aktivstoffe des Körpers, Knaur; Dr. W. Glenk/Dr. Sven Neu: Enzyme, die Bausteine des Lebens. Wie sie wirken, helfen, heilen, Heyne)

Enzyme werden durch reine und naturbelassene Lebens-Mittel dem Körper regelmäßig zugeführt, ohne dass – selbst bis ins hohe Alter – Mangel entsteht, aber nur dann, wenn

- sie nicht wesentlich über 40 °C erhitzt sind (Tiefkühlung hingegen schädigt die Enzyme nicht oder nur wenig) und
- die Lebens-Mittel aus ökologischem Ackerbau, artgerechter Tierhaltung, einer schonenden ökologischen Be- und Verarbeitung und frisch aus der Region stammen. Gleiches gilt auch für Vitamine, die in enger Wechselwirkung mit den Enzymen stehen.

Wie sinnvoll ist Lebens-Mittel-Verarbeitung?

In der industriellen Fertigung herrscht die Tendenz vor, alles, was Pflanzen und Tiere liefern, möglichst hoch zu erhitzen, um gesundheitliche Risiken bei der Verarbeitung auszuschalten und die Produkte haltbar zu machen, damit sie die langen Transportwege von einer Verarbeitungsstufe zur anderen und schließlich über die Supermärkte zum Verbraucher kreuz und quer durch Europa und oft um die ganze Welt auch überstehen. Auch in Haushalten und Restaurants werden Nahrungsmittel meist viel zu lange gekocht und zu hoch erhitzt. Warum das so ist, weiß ich nicht so recht. Ist es Gewohnheit oder eine im Unterbewusstsein verankerte Vorstellung, lange Gekochtes sei besser verdaulich?

Wir leben in einer Welt des vermeintlichen Perfektionismus, in der Sicherheit in allen Lebenslagen an oberster Stelle rangiert. Sicherheitsvorschriften umgeben uns überall (falls die nicht ausreichen, müssen Versicherungen alle Risiken abdecken). So ist es auch inzwischen bei den Lebens-Mitteln. Jedes denkbare Risiko einer Erkrankung wird durch Hygienegesetze und -verordnungen – inzwischen durch die Europäische Union – abgesichert. Das führt in sehr vielen Fällen zu Vorschriften wie einer Erhitzung von Lebens-Mitteln, die früher nicht üblich war, um den Gefahren von Salmonellen, Listerien, EHEC und anderen Erregern entgegenzuwirken. Dabei sind gerade diese Folge moderner Massentierhaltung und der Massierung und Intensivierung

Enzyme steuern das Leben in unserem Körper. Aber nur dann, wenn sie nicht zu stark erhitzt werden. Heutzutage werden Lebens-Mittel auf lange Transportwege in die Supermärkte geschickt. Zur Haltbarmachung müssen sie allerdings vorher hoch erhitzt werden.

bei Transport und Herstellung. Mit Vorschriften zur Erhitzung geht man also nicht an die Wurzeln des Übels, sondern kuriert an den Symptomen. Beim Streben nach immer mehr Sicherheit der Lebens-Mittel bleibt die Lebendigkeit unserer Lebens-Mittel ständig auf der Strecke, am Ende haben wir überwiegend tote Nahrungsmittel. In Amerika wird das junk food genannt (junk = Schrott).

Die Essgewohnheiten überprüfen

Wenn Ihnen all das plausibel und vernünftig erscheint, dann beherzigen Sie einige Regeln bei Ihren Essgewohnheiten. Sie brauchen dabei kein Körner- oder Müsliesser zu werden, kein Rohköstler oder Vegetarier – ich möchte genauso wenig auf Gekochtes, Gebratenes, Gedünstetes und Geschmortes und damit auch Verfeinertes verzichten. Solche Ess-Genuss-Kultur ist schließlich Teil unserer Kultur und Zivilisation.

Es ist einfach wichtig, dass wir einen Teil unserer Speisen und das, was roh gut essbar ist, auch roh und naturbelassen zu uns nehmen, damit wir genügend lebensnotwendige Enzyme, Vitamine und andere Kräfte und Wirkungen von gesunden Pflanzen und Tieren aufnehmen. Die Qualität, die Reinheit und Natürlichkeit der Lebens-Mittel sind das Spiegelbild der Qualität, der Reinheit und Natürlichkeit der Pflanzen und Tiere. Der »innere« Wert, Reinheit und Natürlichkeit sind wichtig, auch wenn Gemüse und Obst unter Umständen nicht gerade verlockend aussehen. Wir müssen lernen, unsere Lebens-Mittel nicht kaputtzukochen, sondern nur so lange und so hoch zu erhitzen, dass wir sie gut essen können. Omas Küche müssen wir dabei vergessen. Oma wusste nichts von Enzymen.

Sich gesund ernähren

Beachten Sie bei einer gesunden Ernährung einige Regeln: Essen Sie möglichst viel Obst und Gemüse roh, um lebensnotwendige Enzyme und Vitamine aufzunehmen.

Wir kennen in Mitteleuropa das Sauerkraut, das seit eh und je durch Milchsäurebakterien haltbar gemacht wird. Davon sollten wir im Winter regelmäßig eine kleine Portion roh essen. Milchsauer eingelegte Gemüse, z.B. Gurken, Zwiebeln, Rettich, Ingwer, sind gut schmeckende und wertvolle Beilagen und Appetitanreger für die enzymarme Winterzeit. Hier können wir viel von den Japanern lernen.

Verwenden Sie so viel wie möglich kaltgepresstes Öl. Kaltgepresste (so genannte native) Öle sind Fette, die nicht erhitzt oder raffiniert wurden und deshalb noch alle wertvollen Inhaltsstoffe enthalten. Gleiches gilt z.B. für rohen Speck am Schinken und in der Salami, die nur durch Salz und Trocknen haltbar gemacht wurden und in denen die Fettsäuren noch in ihrem natürlichen Zusammenhang vorhanden sind. Die Enzyme in rohen Fetten und Ölen, die Lipasen, sind offensichtlich nach jüngeren Untersuchungen ganz wichtig für einen ordentlichen Fettstoffwechsel. Rohe Fette und Öle machen nicht dick und fett, sondern helfen andere, meist tote Fette im Körper abzubauen. Alle anderen Fette sind mehr oder weniger stark erhitzt. Bei der häufig üblichen Raffination werden Öle und Fette gebleicht, mit Natronlauge entsäuert und bis zu 240 °C erhitzt. Dabei werden nicht nur, wie beabsichtigt, Schadstoffe entfernt und zerstört, sondern auch Geruchs- und Geschmacksstoffe, die erwähnten Enzyme, Vitamine sowie andere wichtige natürliche Kräfte und Wirkungen, die wir wissen-

schaftlich noch nicht kennen und noch nicht messen können. Zur so verstandenen und wie oben beschriebenen »Rohkost« gehören auch rohes Fleisch und rohe Fleischerzeugnisse, Rohmilchkäse, natürliches, ökologisch gebrautes Bier und manches mehr, das naturbelassen und nicht erhitzt worden ist. Das lässt sich auch ganz praktisch in den Speiseplan einbauen: Essen Sie als Vorspeise öfter einmal einige Scheiben rohen Schinken oder Salami.

Fleisch muss rosa sein, nicht roh

Omas Küche briet alles Fleisch kräftig und lange durch, bis nichts Lebendiges mehr enthalten war. Deshalb haben viele Menschen einen angelernten Widerwillen gegen Steaks und Braten, die rosa sind. Werden Steaks und Braten durchgehend gleichmäßig rosa gebraten, bleibt die Temperatur unter 50 °C, obwohl das Eiweiß bereits koaguliert, d.h. verfestigt ist. Die fleischeigenen Enzyme sind noch nicht alle zerstört. Das ist ganz wichtig für eine gesunde, lebensfördernde Ernährung. Dies gilt besonders für Rindfleisch, das Fleisch ist saftiger und zarter und es schmeckt zudem besser. Das gilt auch für Kurzgebratenes und Braten vom Kalb oder vom Lamm, ja sogar für Schwein und Geflügel. Braten Sie Schweinefleisch und Geflügel nur so lange, dass es innen noch leicht rosa ist. Sie werden erstaunt sein, wie gut und angenehm das schmeckt. Wohlschmeckend und wohltuend sind auch rohe Fleischgerichte wie Carpaccio in vielen Variationen, Tatar roh oder kurz angebraten sowie Schweinemett. Gleiches gilt natürlich auch für die Zubereitung von Fischen. Gebratene Fische sollten nie deutliche Röstspuren der Pfanne zeigen. Die Gräten müssen sich leicht entfernen lassen, und das Fleisch soll noch leicht glasig sein. Japaner sind Meister im Zubereiten von Fisch und Fleisch. Je naturbelassener, desto besser. Sie wissen wohl, warum – und leben länger!

Frische Kräuter, besonders Petersilie, gehören zum Salat, zum Gemüse, zum Fleisch und auch zum Fisch. Kräuter immer frisch hinzufügen und erst ganz zum Schluss, damit die natürlichen Aromen und Wirkstoffe nicht »verkocht« werden. Kräuter kann man gut selber heranziehen, auch wenn der Balkon noch so klein ist.

Zum Abschluss einer Mahlzeit gehört unbedingt ein Rohmilchkäse. Er setzt noch einen Schlussakkord mit Enzymen! Das gilt natürlich nur dann, wenn der Käse wirklich aus naturbelassener Milch gemacht wurde. Gutes Essen und gutes Trinken gehören zusammen, sonst fehlt etwas. Rotwein, möglichst natürlich aus ökologischem Anbau und in Maßen genossen, soll dem Herzinfarkt vorbeugen, sagen immer mehr ernst zu nehmende wissenschaftliche Gutachten.

Lebens-Mittel aus der Nachbarschaft

Eine alte makrobiotische Regel lautet: »Iss Lebens-Mittel aus deiner Nachbarschaft, dort, wo sie gewachsen sind, und dann, wenn sie reif sind.« Sie ist gültig wie eh und je. Wie weit nun Nachbarschaft oder Region geht, ist vom Lebens-Mittel abhängig. Je empfindlicher sie sind, desto enger die Grenzen. Es ist nicht einsichtig, Lammfleisch aus Neuseeland, Hähnchen aus Brasilien und Thailand um die halbe Welt zu fliegen.

Omas Küche ist out. Fleisch sollte nicht kräftig durchgebraten werden. Innen noch rosa ist gesünder, das Fleisch ist saftiger und zarter.

Verbieten kann man das nicht, dazu leben wir in einer globalen Welt. Aber wir können uns für die Region entscheiden und Lebens-Mittel aus der Nachbarschaft kaufen, der Frische und der Umwelt zuliebe. So zu denken heißt nicht, Verzicht auf Vielfalt und Reichhaltigkeit zu predigen.

Gesundheit ist essbar

Je mehr ich mich mit den Zusammenhängen von Lebens-Mitteln, Ernährung und Gesundheit beschäftige, desto mehr spüre und erlebe ich an mir selbst, dass lebendige Lebens-Mittel Medizin sein können, so, wie es schon Hippokrates und Paracelsus (siehe Seite 16) postuliert haben. Lebens-Mittel, so verstanden und hergestellt, sind für mich vorbeugende Medizin – für die Gesundheit und das Wohlbefinden von Körper, Geist und Seele – und Garant für ein gutes, langes und kraftvolles Leben.

Lebens-Mittel sollen vorbeugende Medizin sein: für die Gesundheit und das Wohlbefinden von Körper, Geist und Seele.

Solche Lebens-Mittel sind heute ein großer Luxus geworden, wie es heute auch Luxus ist, gute Luft zu atmen, gutes Wasser zu trinken, nicht ständig von Lärm belästigt zu sein, in schöner Umgebung zu leben sowie eine sinnvolle Arbeit zu tun. In unserem heutigen Verständnis ist Medizin allerdings zu einem Mittel der Reparatur von verloren gegangener Gesundheit geworden. Zum Ausgleich und Ersatz von verloren gegangenem Leben in den Lebens-Mitteln werden pharmakologische Präparate und

neuerdings auch immer mehr angeblich die Gesundheit fördernde Zusätze verwendet, um Fehlendes zu ersetzen und zu ergänzen. In den USA und Japan ist solches »functional food« bereits auf dem Markt. Ein wahrhaft gigantischer Reparaturbetrieb ist dort entstanden, der durch die Zufuhr von gesunden, lebensfördernden Mitteln hätte vermieden werden können!

Die Menschen sind für ihre Gesundheit in erster Linie selbst verantwortlich, nicht der Arzt. Er kann bestenfalls reparieren, was Sie ahnungslos angerichtet haben. Die wichtigste gesundheitliche Regel ist und bleibt: Der ist weise, der seinen Magen nur zu drei Vierteln füllt!

Essen wir uns um den Verstand?

Industriell gefertigte Lebens-Mittel enthalten häufig Geschmacksverstärker wie Glutamat. Glutamat kann neurotoxisch wirken und Hirnzellen töten. Das ist bereits seit 1969 bekannt. Inzwischen weiß man, dass Glutamat bei Krankheiten wie Alzheimer, Multipler Sklerose oder Parkinson eine unheilvolle Rolle spielt. »Glutamat ist ein Nervenzellgift«, weiß der Heidelberger Alzheimer-Forscher Konrad Beyreuther. Die Glutaminsäure, speziell das Glutamin, beeinträchtigt den Hirnstoffwechsel. So wird inzwischen eine Beteiligung des Natriumsalzes der Glutaminsäure am Defizit von Dopamin vermutet, das ja das Charakteristikum der Parkinson-Erkrankung ist, besonders dann, wenn eine genetische Veranlagung besteht. Die Industrie hat immer mit Studien dagegengehalten, die das Gegenteil beweisen wollten. Ihr zentrales Argument: Der normale Mensch nähme nur relativ wenig Glutamat zu sich. Tatsächlich hat sich der weltweite Konsum in den letzten Jahrzehnten aber vervierfacht und Parkinson auch.

Das China-Restaurant-Syndrom

Der Geschmacksverstärker Glutamat kann Hirnzellen töten. Wissenschaftler warnen deshalb vor unmäßigem Verzehr von Fertigkost wie Tütensuppen und Chips. Besonders im Hinblick auf Krankheiten wie Alzheimer und Parkinson ist Vorsicht geboten.

Industriell hergestellte Suppen und Saucen in Tüten, tiefgekühlte oder vakuumierte Fertiggerichte oder solche in Dosen, Würste sowie Snacks und Chips sind heute fast ausnahmslos mit Glutamat hergestellt, weil die Rohstoffe oft so lange gelagert werden, dass die natürlichen Geschmacksstoffe verloren gehen. Auch Restaurantköche, besonders chinesische und japanische, verwenden häufig Glutamat bei der Zubereitung von Speisen. Zu viel Glutamat kann bei manchen Menschen zu Kopfweh, Hitze- und Engegefühl sowie Schwindel führen – dem so genannten China-Restaurant-Syndrom.

Natürlicherweise kommt diese Substanz ebenfalls in Lebens-Mitteln vor, z. B. in Bohnen, Tomaten oder Käse. Sogar unser Körper enthält natürliches Glutamat. Beim Menschen liegt es überwiegend gebunden im Organismus vor. Nur ein paar Gramm sind frei verfügbar. Als Botenstoff erfüllt ein Teil davon wichtige Funktionen, z. B. im Hirn und im Darm. Wer aber extra zugesetztes Glutamat mit der Nahrung zu sich nimmt, kaut schneller und schluckt schneller. Man isst insgesamt hastiger und vor allem mehr. Die Appetitsteuerung gerät aus der Balance. Übergewicht kann also auch auf das Konto dieser Substanz gehen. Von den möglichen langfristigen Folgen für das Nervensystem ganz zu schweigen. Ich bin inzwischen sogar der Meinung, dass diese Art Geschmacksverstärker wie eine Droge wirkt. Einmal daran gewöhnt, vermissen wir sie, wir werden süchtig, die Geschmacksknospen in unserem Gaumen werden belogen und betrogen.

Metzger wie die in Herrmannsdorf, die nach guter alter Handwerkskunst noch selbst schlachten, zerlegen und Würste und Schinken machen, verzichten auf Glutamat und verwenden natürliche, selbst gemischte Gewürze, um den unverfälschten Geschmack der Zutaten voll zur Geltung zu bringen. Ich möchte mithelfen, das Bewusstsein für ehrlichen und sauberen Geschmack guter Lebens-Mittel zu kultivieren, der nur durch Salz und natürliche Gewürze und Kräuter unterstützt wird.

Ein Umdenken muss stattfinden

Für neun von zehn Jugendlichen in Deutschland sind Arzt und Landwirt die gesellschaftlich wichtigsten Berufe, noch vor Wissenschaftlern, Polizisten und Lehrern. Das zeigt eine Emnid-Studie. (Das Image der deutschen Landwirtschaft aus der Sicht von Jugendlichen, Februar 2003) Die Jugendlichen spüren wohl intuitiv, dass Bauern und Ärzte unmittelbar mit dem Leben zu tun haben. Sie erhalten Leben in vielfacher Weise, sie fördern Leben, sie schützen Leben. Für Gesundheit und Wohlbefinden der Menschen ist der Arzt verantwortlich – er sollte seine Patienten beraten, um dadurch Krankheiten vorzubeugen, und helfen, Gesundheit wiederherzustellen. Der Bauer versorgt Menschen mit gesunden, lebensfördernden Lebens-Mitteln, die Leben vermitteln und die wichtigste vorbeugende Medizin sein müssen. Alles ist mit allem verbunden: Leben und Gesundheit von Boden, Wasser, Pflanzen, Tieren und Menschen hängen voneinander ab und bedingen sich gegenseitig.

Das »Wissen vom Leben« neu entdecken

In Landwirtschaft und Lebens-Mittel-Erzeugung haben wir ganz offensichtlich viele Fehler zu korrigieren. Da haben wir noch einen weiten Weg vor uns. Wir müssen uns wieder auf das Wissen vom Leben und Zusammenleben (rück)besinnen. Es ist eine Herausforderung an Praktiker und Wissenschaftler, »Biologie« neu zu entdecken und auf den ursprünglichen Sinn zurückzuführen (bios = Leben/logos = Wort, Lehre, Wissen).

Wir müssen mehr verstehen lernen vom Zusammenleben und von den Wechselwirkungen in komplexen Systemen, wie es das Zusammenwirken von Boden, Pflanzen, Wasser, Tieren und Menschen darstellt. Wir müssen den Sinn des Wortes »Symbiose« wieder erkennen und begreifen lernen (syn = zusammen/bios = Leben).

Wir wissen in der Landwirtschaft noch viel zu wenig davon. Wir alle sind offensichtlich zu sehr dem wissenschaftlich-linearen Denken verhaftet, dem engen Denken von Ursache – Wirkung. Mit diesem Denken sind wir zu Monokulturen in der Landwirtschaft gekommen, auf Reinkulturen auf dem Feld und in den Ställen, hochspezialisiert, hochintensiv, auf einseitige Höchstleistung ausgerichtet. So sind wir folgerichtig auch auf die Monokulturen in der Lebens-Mittel-Verarbeitung gekommen, arbeitsteilig, hochspezialisiert, industrialisiert und automatisiert. Das ist alles logisch, wenn man ein bestimmtes mechanistisches Denkmuster im Kopf hat. Das führt folgerichtig zur Hochzucht von Pflanzen und Tieren als Produktionsfaktoren und schließlich zum Einsatz der »grünen« Gentechnologie.

Die Technik überschreitet gerade die Grenze zur Automation. Melkroboter halten Einzug in die Milchkuhställe. Satellitengesteuerte Bodenbearbeitungsroboter werden über die Felder gezogen. Sie pflügen, säen und düngen nach einem dem Boden angepassten, von Experten erstellten Computerprogramm. Der erfahrene Bauer wird nicht mehr gebraucht. Die Tierhaltung ist schon weitgehend automatisiert. Und die »Verarbeitung« von Tieren und tierischen Erzeugnissen ebenso. Der erfahrene

Das Ursache-Wirkung-Prinzip hat zu Monokulturen in der Landwirtschaft, zur Hochzüchtung von Pflanzen und Tieren und zur Automation in den Ställen geführt. Ein Umdenken muss stattfinden.

Lebens-Mittel-»Handwerker« wird nicht mehr gebraucht. Aber die Natur funktioniert so nicht. Sie kennt keine Monokulturen. Sie sind Erfindungen des aufgeklärten »Homo sapiens«! Die Natur funktioniert und arbeitet offensichtlich nach anderen Gesetzmäßigkeiten des Zusammenwirkens, die auf Langfristigkeit, gegenseitige Förderung und Sicherung ausgerichtet ist – und nicht auf kurzfristige Höchstleistung.

Monokulturen auf dem Prüfstand

Auch die ökologische Landwirtschaft steht da ganz am Anfang. Auch sie hat noch die gelernten Denkmuster im Kopf mit Monokulturen auf den Äckern und in den Ställen. Erst langsam werden wieder Überlegungen zu Mischkulturen angestellt: Eine stickstoffsammelnde Pflanze wie die Erbse, eine stickstoffzehrende Pflanze wie Gerste oder Weizen sowie eine ölhaltige Pflanze wie Leindotter ergänzen sich dabei auf wunderbare Weise und fördern sich gegenseitig. Die Wechselwirkungen zwischen den Pflanzen, die Symbiosen, führen zu höheren Gesamterträgen und zur Förderung eines reichen Bodenlebens.

Auch in der ökologischen Landwirtschaft findet Tierhaltung zwar artgerecht, aber immer noch ganz überwiegend in Monokulturen statt. Auch hier spezialisiert sich der Bauer auf Milchkühe, Mutterkuhhaltung, Schweine oder Geflügel. Wie landwirtschaftliche Nutztiere zusammenleben und sich helfen und unterstützen können, ist nur in Ansätzen bekannt. Gelernte, festsitzende Denkmuster müssen aufgebrochen und mutig neue Wege beschritten werden. Da liegt ein offenes Feld – im wahrsten Sinne des Wortes – vor Wissenschaft und Forschung. Das Labor sind die Felder, Äcker und die Ställe, die wichtigsten Instrumente sind die eigenen Sinnesorgane, viel Geduld zum Beobachten, zum gründlichen Schauen und zum Nachdenken.

Leben heißt Veränderung

Monokulturen mit der Dominanz von Technik und Chemie müssen langsam von intelligenten Polykulturen mit großer Vielfalt in komplexen, vernetzten Systemen ersetzt werden. Die alten, gewachsenen Agrarkulturen in den so genannten unterentwickelten Ländern funktionierten so, sie waren Polykulturen. Tiere waren selbstverständlich in das System integriert. Aber das scheinbare Durcheinander war für den weißen Mann aus Europa unordentlich und ineffizient. Es entsprach nicht seinem gelernten Denken. Maschinen konnten nicht eingesetzt werden. Denn sie brauchtes das große Feld und die gerade Linie. Die alten Kulturen verschwanden zugunsten eines technisch und chemisch ausgerichteten agro-industriellen Systems.

Haben wir das alles so gewollt? Ist dieses System zukunftsfähig und nachhaltig? Nein, ganz sicher nicht. Aber es kann verändert werden, da die »Konstruktionsfehler« immer deutlicher werden. Gut zu wissen, dass in freien Gesellschaften ganz grundsätzlich auch die festgesetzten, scheinbar wissenschaftlich untermauerten Denkmuster sich ändern können und nicht ewig sind. Wissenschaft lebt von These und Antithese, die immer wieder zu neuen Synthesen führen, Wissenschaft lebt von »trial and error«, vom Versuch und Irrtum. Leben heißt Veränderung.

Sind Monokulturen der richtige Weg? Auch die ökologische Landwirtschaft muss gelernte Denkmuster überprüfen. Es werden wieder Überlegungen zu Mischkulturen auf den Feldern angestellt – sie sorgen für ein reicheres Bodenleben.

28

Dreiklang einer vernünftigen Ernährung

1. Die Herkunft der Lebens-Mittel

Kaufen Sie Lebens-Mittel, die so rein und unversehrt wie möglich und die noch Mittel zum Leben sind. Lebens-Mittel mit dem **Bio-Siegel** erfüllen diese Bedingungen. Konventionelle Nahrungsmittel zumeist nicht. Sie sind billig und machen satt; mehr nicht.

✔ Obst und Gemüse sollen ungespritzt und reif geerntet sein

✔ Fleisch, Fett, Schinken und Würste sollen von Tieren stammen, die gut gelebt, Gutes gefressen haben, die achtsam behandelt und getötet wurden

✔ Wildwasserfische

✔ Eier, Milch, Käse von Tieren, die gut gelebt und Gutes gefressen haben

✔ Lebens-Mittel aus der Region und nicht aus fernen Ländern

⊖ **Achtung – Vorsicht**
Lebens-Mittel vermeiden, die mit intensiven technischen Verfahren hergestellt sind, z.B. durch Raffinieren, Härten, Bleichen, Sterilisieren, Ultrahocherhitzen etc.

2. Die Zusammensetzung der Speisen

Viel: Gemüse und Salate der Jahreszeit, Zwiebeln, Kräuter und Knoblauch sowie Obst

Regelmäßig, aber mäßig: Fleisch, Schinken, Würste, Fisch, Geflügel, Milchprodukte, Käse, Eier, Nüsse

Mäßig: Kaltgepresste Öle, Butter, Speck und gutes Fett von Tieren, die gut gelebt haben; Vollkornbrot, Reis, Nudeln

Wenig: stärkehaltige Kohlenhydrate, Weißbrot, Kartoffeln, Kuchen

Ganz wenig: Zucker und alles, was süß ist, z.B. gesüßte Fruchtsäfte, Pralinen, süßes Gebäck

⊖ **Achtung – Vorsicht**
Nur ganz selten essen: Konserven, Fertigmenüs, Snacks, Riegel, Chips und alles, in dem viel versteckte Weißmehle, Zucker und schlechte Fette vermutet werden.

3. Die Zubereitung der Speisen

✔ Die Lebens-Mittel so wenig wie möglich erhitzen. Hitze tötet Leben. Sterilisieren macht haltbar, aber auch unfruchtbar!

✔ Was man roh essen kann und was roh gut schmeckt, essen! Mit Kräutern, Meersalz, Gewürzen, Öl, Balsamico. Darin ist noch alles, was die Natur an Kräften und Wirkungen in unversehrte und ursprüngliche Lebens-Mittel gelegt hat, vor allem die lebensnotwendigen Vitamine und Enzyme in großer Vielzahl.

✔ Gemüse bissfest kochen

✔ Fleisch zum Kurzbraten innen rosa braten

— ultrahoch erhitzt, z.B. H-Milch
— 120 °C sterilisiert, z.B. Dosen, Gläser
Leben weitgehend zerstört

— 100 °C im offenen Wasserbad gegart
— 80 °C pasteurisiert, z.B. Milch, Milchprodukte
— 60 °C Fleisch medium rare
— 50 °C Fleisch innen rosa
Leben weitgehend erhalten

ÖKOLOGISCHE
QUALITÄT

Der neue Weg zwischen Tradition und Technologie

Höchste lebensfördernde Lebens-Mittel-Qualität ist nach meiner Überzeugung nur mit ökologischer Wirtschaftsweise zu erzielen: in einer Landwirtschaft ohne synthetische Düngemittel und Pestizide, ohne Monokulturen und Intensivtierhaltung, in einer Landwirtschaft, die gesundes Bodenleben und die Bodenfruchtbarkeit fördert, das Grundwasser klar und sauber hält, gesunde und vitale Pflanzen erzeugt und die Tiere so hält und ernährt, wie es sich nach den Geboten von Vernunft und Ethik gehört. Jeder Tierart muss eine Lebens- und Ernährungsweise ermöglicht werden, die ihren spezifischen physischen und psychischen Bedürfnissen entspricht.

Wer einmal Schweine in Massentierhaltung oder artgerechter Haltung eine Zeit lang beobachtet hat, weiß, wovon ich rede. Der wird spüren, dass Schweine in den Ställen der Massentierhaltung physisch und psychisch gestört oder gar behindert sind. Kann das Fleisch von solchen Tieren gute, lebensfördernde Nahrung sein? Jeder möge sich die Frage selbst beantworten.

So wird logisch und verständlich, dass wir in der Haltung unserer Tiere umdenken müssen. Dies ist ein Gebot der Ethik und ein Gebot der Vernunft. Wir müssen dieses Gebot den Tieren zuliebe befolgen, die unserer Obhut anvertraut sind, und uns zuliebe, die wir ihr Fleisch essen. Das Tierschutzgesetz hat das Tier als Mitgeschöpf anerkannt und den Umgang mit ihm so formuliert: »Zweck des Gesetzes ist es, aus der Verantwortung des Menschen für das Tier als Mitgeschöpf dessen Leben und Wohlbefinden zu schützen. Niemand darf einem Tier ohne vernünftigen Grund Schmerzen, Leiden oder Schäden zufügen.« Nur leider, Gesetzestext und Wirklichkeit klaffen in Wahrheit weit auseinander.

> Jeder Tierart muss eine Lebens- und Ernährungsweise ermöglicht werden, die ihren Bedürfnissen entspricht. Das ist ein Gebot der Ethik und der Vernunft.

Fleisch von würdevoll gewachsenen Tieren

Zur ökologischen Qualität gehört nach meiner Erfahrung auch, dass die Tiere Bewegung und Auslauf in Licht, Luft und Sonne haben und Zeit, erwachsen zu werden. Dann werden die einzelnen Zellen im Fleischmuskel fest und bleiben es auch (und sind nicht mit Wasser voll gepumpt, das in der Pfanne verloren geht und den Braten schrumpfen lässt). Die richtige Ernährung der Tiere ist, wie beim Menschen, von großer Bedeutung: abwechslungsreich, natürlich gewachsen und möglichst aus der Region, angepasst an die Stoffwechselmöglichkeiten (Physiologie) der jeweiligen Tierart. Rinder brauchen natürliches, artenreiches Gras oder Heu (und keine hochkonzentrierten Eiweiße wie z.B. Tierkörpermehle). Schweine brauchen Feldfrüchte und regelmäßig eine Portion Grünfutter (und nicht Futtermittel aus fernen Ländern wie Soja, Tapioka und Maniok, an deren Stoffwechsel sie nicht angepasst sind, und schon gar nicht brauchen sie das, was von ihren Artgenossen übrig geblieben ist). Tiere, die so und in »Würde« gelebt haben, haben ein Recht darauf, auch ihren letzten Weg so gehen zu können, dass sie nicht unnötig auf langen Transporten, in ungewohnter Umgebung und zwischen fremden Tieren unter Angst und Stress leiden müssen, dass sie auf diesem letzten Weg nicht »ihre Würde« verlieren.

Ökologisches und nachhaltiges Wirtschaften in Landwirtschaft und Lebens-Mittel-Wirtschaft ist auch aus anderen Gründen geboten. Die Art unserer heutigen Intensivlandwirtschaft führt großflächig zu einer Zerstörung unserer Lebensgrundlagen, zum Verlust von fruchtbarem Mutterboden und zur Vergiftung des Grundwassers mit Nitrat und Pestiziden. Das Teuflische daran ist nur, dass dies so langsam und schleichend geschieht, dass wir es mit bloßem Auge nicht wahrnehmen können. Wir haben auch vergessen, dass wir immer noch von der dünnen Schicht Mutterboden leben, die uns ernährt. Wir glauben manchmal, wir würden von der Industrie-, der Dienstleistungs- oder Informationsgesellschaft leben. Sie macht uns vielleicht das Leben angenehmer und bequemer. Man kann mit ihr Arbeitsplätze schaffen und Geld verdienen, aber sie macht uns nicht satt.

Die Intensivlandwirtschaft hat den Hunger in den hoch entwickelten Ländern beseitigt. Das ist eine große Leistung. Aber wir wissen heute, dass die Grenzen des Vernünftigen schnell überschritten sind und dass überzogener Fortschritt zu Lasten der

Natur geht; und die lässt sich auf Dauer nicht ungestraft ausbeuten. Wir kennen heute dank neuen Wissens eine Landwirtschaft mit Zukunft, welche die Menschen gut ernährt – vielleicht mit etwas weniger Fleisch –, nichts zerstört und die Lebensgrundlagen für unsere Kinder und Enkel nachhaltig sichert. Wir müssen sie nur wollen.

Regionale Produkte und kurze Wege

Die Zerstörung unserer Lebensgrundlagen – der Verlust von fruchtbarem Mutterboden und die Vergiftung des Grundwassers – geschieht schleichend. Ziel muss es sein, die Lebensgrundlage unserer Kinder und Enkel zu sichern.

Die vielen Stufen der Verarbeitung müssen wieder näher zusammenrücken und in enger Nachbarschaft zwischen dem Ort, an dem die Pflanzen und Tiere wachsen, dem Ort, wo sie zu Lebens-Mitteln umgewandelt, und dem Ort, wo sie verzehrt werden, erfolgen. Ohne unnötige Zwischenlagerung und lange Transporte – damit nichts verloren geht. Ich möchte die alte Regel in Erinnerung bringen: Verzehre Lebens-Mittel aus deiner Nachbarschaft, dort, wo sie gewachsen, und dann, wenn sie reif sind. Nur Ausnahmen sollten diese Regel bestätigen: Gewürze aus fernen Ländern, Zitrusfrüchte und Olivenöl aus sonnigen Regionen. Überwiegend aus der Region sich zu ernähren ist praktische Ökologie. Aus Nähe entsteht ökologische Qualität! So sieht Landwirtschaft und Lebens-Mittel-Wirtschaft im Einklang mit der Natur aus – auch und vor allem mit unserer eigenen Natur. Nur so entsteht lebendige Frische. Ihr Magen spürt den Unterschied – instinktiv!

Agrarkultur und Esskultur gehören zusammen

Die Agrarkultur, von Menschen über Jahrhunderte entwickelt, hat unser Europa geprägt. Sie ist untergegangen. Auf dem Lande, in den Dörfern und auf den Bauernhöfen können wir die vergangene Agrarkultur noch rudimentär erkennen unter einer dicken Schicht von Renovierung und Modernisierung. Die in den letzten 50 Jahren entstandene Landwirtschaft ist von neuen Denkmustern gekennzeichnet: Rationalisieren, Spezialisieren, Mechanisieren … Deckungsbeiträge … Pflanzenschutz … Überproduktion … Bürokratisierung … Zukunftsangst. Diese Denkweise hat viel materiellen Wohlstand auf das Land gebracht – und die Menschen vom Land weggebracht. Das und die weltweite Vernetzung im Agrarhandel hat volle Tische beschert mit vollen Fleischtöpfen: Alles von überall her ist zu jeder Zeit, an jedem Ort und zu so niedrigen Preisen erhältlich, dass wir uns den nie gekannten Luxus leisten können, 62 kg Fleisch pro Jahr zu verzehren und nur noch 12 % des verfügbaren durchschnittlichen Familieneinkommens für Nahrungsmittel auszugeben – Tendenz fallend – und 20 % für Freizeitaktivitäten – Tendenz steigend.

Ein Umdenken beginnt zaghaft einzusetzen. Unter nachdenklichen und weitsichtigen Zeitgenossen aus Politik, Wissenschaft, Wirtschaft und Kirche werden immer mehr Zweifel laut, ob die Art der industriellen Landwirtschaft, wie wir sie entwickelt haben, sinnvoll und verantwortbar ist. Schweinepest und vor allem die wahnsinnigen englischen Rinder zeigen mit dramatischer Deutlichkeit, dass alles, was wir der Natur und vor allem den Tieren antun, auf uns zurückschlägt. Wer hätte sich so etwas vor Jahren vorstellen können? Tiere werden heute zu ca. 95 % nach industriellen Methoden in intensiven Systemen »produziert«. Früher sprach man von Viehzucht, man sagte »Erzeugung« von Tieren.

> Rinderwahn und Schweinepest zeigen auf dramatische Weise, wie sich die Massentierhaltung auswirkt und auf den Menschen zurückschlägt.

Neue Lebens-Mittel auf dem Markt

Die Nahrungsmittelindustrie hat mit viel Fantasie und Kreativität eine Flut von neuen Nahrungsmitteln entwickelt und auf den Markt gebracht. Sie hat Lebens-Mittel auseinander genommen und neu zusammengesetzt (design food), hat sie verpackt und haltbar gemacht, hat »convenience«, »instant« und »fast food« erfunden zum Wohl der Hausfrau. Es ist viel Bequemes und Zeitsparendes entstanden, das wir nicht mehr missen möchten. Zugleich spüren und begreifen wir, dass dabei viel verloren gegangen ist. Der Volksmund sagt: »Wie gewonnen, so zerronnen.« Was ist es nun eigentlich, was da verloren gegangen ist und was wir instinktiv als Verlust empfinden? Ist es möglicherweise das, was wir mit dem Wort Kultur zu umschreiben pflegen? Sind Werte verschwunden, die uns, wenn wir in uns hineinhorchen, »am Herzen liegen«? Gar ethische Grundwerte, wie sie in unserer Geschichte und Vergangenheit und in unserer christlichen Religion angelegt sind? Ich glaube ja, und ich habe den Eindruck, dieses Gefühl erfasst immer mehr Menschen. Wo sind denn z. B. die Zeitgewinne für die Hausfrau geblieben, die durch küchenfertiges Vorbereiten und eingebaute Dienstleistung beim Einkauf von Lebens-Mitteln entstanden sind? Was hat die Beschleunigung in der industriellen Herstellung gebracht für all die Personen, die an der Herstellung und Verteilung in Landwirtschaft, Nahrungsmittelindustrie und Handel beteiligt sind? »Keine Zeit«, stöhnen sie. Was haben berufstätige Hausfrauen davon, die in erster Linie profitieren sollten? »Keine Zeit« ist die meistgehörte Antwort. Wenn man genau hinschaut, ist das Vorgefertigte ja ohne Zweifel schnell zusammengerührt und in wenigen Minuten warm gemacht. Jedes Familienmitglied kann das sogar schnell selber machen, einer nach dem anderen, jeder, wenn er Zeit und Lust hat. Aber auch da geht im Haushalt Zeit verloren, z. B. durch das Einkaufen im fernen Supermarkt, das »Aufrüsten« der voll technisierten Küche sowie das Reinigen all der stillen Helfer. Und all die teuren Maschinen und Geräte müssen erst einmal verdient und angeschafft werden. Um das dafür notwendige Geld zu verdienen, muss Zeit aufgewendet werden. Das alles wird bei der Gesamtkosten-/Nutzen-Rechnung einfach vergessen. Und die Kosten für Energie müssen auch erst verdient werden.

Der Faktor Zeit

Die Gesamtbilanz an Zeit sieht schlecht aus. Das ist eigentlich kein gutes Geschäft, würde jeder rational denkende Kaufmann sagen. Die Bilanz wird noch schlechter, wenn wir die Qualität der Speisen genau anschauen, die da auf den Tisch kommen. Wo sind echte Natürlichkeit und wahre Frische geblieben? Lebens-Mittel sind entweder zu alt und zu lange gelagert oder unreif, weil sie irgendwo in der Welt vorzeitig geerntet wurden und durch technische Verfahren zur Verlängerung der Haltbarkeit ihre Lebendigkeit verloren haben. Die geschilderte Bilanz verschlechtert sich noch einmal, wenn wir auch Werte unter Soll und Haben verbuchen, die mit Freude an gutem Kochen, schöpferischem Tun mit Hand und Kopf beim Zubereiten der Speisen, Lust am gemeinsamen Mahl in der Familie oder mit Freunden an einer schön gedeckten Tafel umschrieben werden können.

Von High-Tech über High-Chem zu High-Gen – die Wirtschaft handelt noch immer im vollen Glauben an den Fortschritt. Die Vorstellung von Robotern, die in Fleischwarenfabriken die Tiere schlachten und zerlegen, erzeugt Unbehagen.

Ich selbst habe in der Spanne meines Lebens diese Entwicklung durchlebt und an vorderster Front mitgestaltet: vom handwerklichen und traditionellen Wirtschaften zu einer High-Tech-, High-Chem- und jetzt auch noch High-Gen-Wirtschaft mit verpackten, haltbar gemachten und verzehrfertigen Produkten und vom regionalen zum europaweiten Vertrieb. Alles in vollem Glauben an den Fortschritt! Und irgendwann kamen die ersten Zweifel. Heute kann ich vorhersehen, dass die großen zentralen Fabriken so durchrationalisiert sein werden, dass keine Menschen mehr am Produkt arbeiten, sondern Roboter. Das gilt auch für die großen Fleischwarenfabriken. Roboter werden die Tiere schlachten und zerlegen, der Mensch braucht sich dabei nicht einmal die Hände blutig zu machen.

Ich habe mich aber auch in meinem Leben stets mit Kochen, Lebens-Mittel-Qualität und kultiviertem, fröhlichem Essen und Trinken beschäftigt, weil es mir, meiner Familie und meinen Freunden Freude machte. Ich habe kleine und große Gastmähler zelebriert, mit genauen Regieanleitungen wie bei einer Theateraufführung, manch-

mal eingebunden in Poesie und Musik, manchmal verbunden mit einem Schlachtfest à la Breughel. Ich habe mit meiner Frau bei Witzigmann und Winkler in kleinen Kursen geschnuppert. Und als Metzgermeister glaube ich etwas von Fleisch zu verstehen, da ich in meiner Lehr- und Wanderzeit Metzgern in der Schweiz, in Frankreich und in Amerika auf die Finger geschaut habe. Und ich beschäftige mich seit fünfundzwanzig Jahren mit der Tierzucht: Wie müssen Rinder und Schweine gehalten werden, was müssen sie fressen, damit sie ihr Leben gemäß ihren Bedürfnissen und ihrer Würde verbringen können? Welche Rassen müssen zusammenkommen, um Wohlgeschmack des Fleisches, Saftigkeit und Zartheit in einer Qualität zu erhalten, die auch der weniger geübte Esser schmecken und erleben kann und die ihm gelegentlich ein »Ah« und »Oh« entlockt? Vor diesem aufgezeichneten Hintergrund sehe ich eine neue Agrar- und eine neue Ess-Kultur, die sogar noch reicher, schöner und vielfältiger sein kann als die vergangene, die ja auch mit vielen Plagen, Mühen und Not verbunden und nur wenigen Privilegierten zugänglich war.

Altbewährtes und Neues im Einklang

Ich habe in den vergangenen Jahren mit Freude erfahren, was dabei herauskommt, wenn das Gute und Bewährte von früher mit dem Wissen und der Technik von heute sinnvoll verbunden wird. Das gute Alte mit dem guten Neuen vermählen! Die ökologische Landwirtschaft praktiziert dies erfolgreich: das Erfahrungswissen um Bodenfruchtbarkeit und reiches Bodenleben mit neuer Bodenbearbeitungs- und Erntetechnik zu verknüpfen. Oder: das Erfahrungswissen um die Lebensbedürfnisse unserer Nutztiere mit neuen Erkenntnissen der Verhaltensforschung und modernen Stalltechniken zu verbinden, die schwere körperliche Arbeit erleichtern. Und: den hohen Wert von Sauberkeit und Hygiene auf allen Stufen zu begreifen und zu verwirklichen.

> Erfahrungswerte von gestern mit der Technik von heute sinnvoll verbinden – die ökologische Landwirtschaft praktiziert dies erfolgreich.

In der ökologischen Lebens-Mittel-Erzeugung, so habe ich gelernt, ist das ebenso mit Erfolg zu realisieren: Milch auf kurzem Wege in die Käserei bringen und ohne große mechanische oder chemische Belastungen in Käse »umzuwandeln«, unter Verzicht auf alle möglichen Hilfsstoffe. Tiere, die zufrieden gelebt haben, auf kurzem Wege und unter Respektierung ihrer Würde vom Leben zum Tode zu bringen. Das Tier behält nach meiner Auffassung seine Würde dann, wenn der Mensch bei seinem Tun seine Würde nicht verliert und sich seines Tuns bewusst ist. Der Respekt vor unseren Mitgeschöpfen gebietet es auch, nichts Essbares, was von ihnen stammt, achtlos wegzuwerfen. Sodann unmittelbar nach dem Schlachten das noch schlachtwarme Fleisch ohne lange Zwischenlagerung und ohne lange Transporte in Würste und Schinken zu verarbeiten. Synthetische Hilfsstoffe sind hierbei überflüssig.

Gesund gewachsenes Getreide, so, wie es von der Natur geschaffen ist, mit dem Keimling und seinen sieben Schalen, frisch mahlen und verbacken. Über den Natursauerteig wird das Leben vom Brot von heute in das Brot von morgen übertragen – voll lebendiger Energie – bis in uns hinein. Und was kaum einer weiß: Kein Bereich der Landwirtschaft und Lebens-Mittel-Erzeugung ist durch Gesetz und Praxis so gründlich kontrolliert wie der ökologische. Jeder, der das Wort Öko oder Bio benutzt, muss sich von staatlich anerkannten Kontrollstellen gründlich auf den Kopf stellen lassen. Schwarze Schafe werden deshalb schnell erkannt. So entstehen Lebens-Mittel mit einem hohen inneren Wert als Folge von Achtsamkeit im Umgang mit dem Boden, dem Wasser, den Pflanzen, den Tieren und den Menschen. So entstehen Lebens-Mittel mit einem hohen Geschmacks- und Genusswert, so rein und fein und natürlich, wie es das heute kaum noch gibt und wie es vom Aussterben bedroht ist. Denn irgendwann in nicht allzu ferner Zeit wird es keinen Handwerker mehr geben, der das noch weiß und kann. Solche Handwerker stehen schon auf der roten Liste der gefährdeten Arten. Dann wird es auch irgendwann keinen Verbraucher mehr geben, der das schmecken und schätzen kann.

Nur: All dies muss wirklich konsequent und ehrlich geschehen, von und für Menschen mit Herz und Verstand, die kompromisslos für engagierte ökologische Qualität einstehen. Leider gibt es auch ebenso viel »pseudo«-ökologische Qualität. Viele versuchen von diesem Trend zu profitieren – Bauern, Metzger, Markthändler. Das macht mich besorgt. Denn Kunden sind häufig geneigt zu glauben, was ihnen eine Vertrauen erweckende Person sagt. Es wäre oft besser, genauer hinzuschauen: Wo kommt das Lebens-Mittel her, wer hat es gemacht und wie ist es gemacht? So wie viele von Frische reden, die oft nur »Kühlfrische« oder »jetfresh« ist, reden heute viele von Öko und erwecken den Anschein, als ob. Der Verbraucher sollte deshalb immer kritisch hinterfragen, denn es geht um seine Gesundheit, seine Vitalität, sein Nervenkostüm, seine Umwelt und nicht zuletzt um die Gesundheit seiner Kinder.

Auch Kinder brauchen Ess-Kultur

Die Erwachsenen haben eine große Verantwortung für die Ernährung ihrer Kinder. Kinder haben häufig schon ihren guten Geschmack verlernt. Das gute alte Schulbrot ist out. Kinder ernähren sich in der Schule lieber von Riegeln, Süßigkeiten, Snacks und Fruchtsaftgetränken, die alle mit so genannten naturidentischen Aromastoffen angereichert sind. In unserer schnelllebigen Zeit finden auch meist keine gemeinsamen Mittagessen in der Familie mehr statt. Zum Kochen hat kaum jemand mehr Zeit. Viele Mütter sind berufstätig. Das Bild von der Mama, die den lieben Kleinen nach der Schule ein dampfendes Essen serviert, ist überholt. Die Kinder essen häufig schnell in die Mikrowelle geschobene Tiefkühlkost, und das meist noch im Stehen oder vor dem Fernseher liegend.

Es wird Zeit, dass wir so manches, was wir als Fortschritt und Gewinn ansehen, einmal kritisch auf den inneren Wert und den echten Zeitgewinn abfragen. Dann wird es auch wieder mehr Frauen und Männer geben, denen es Freude macht, mit guten Lebens-Mitteln zu kochen und an einem schön gedeckten Tisch in fröhlicher Runde zu speisen. Und gelegentlich auch daran zu denken, wo die Speisen herkommen, dass, wenn Fleisch auf dem Teller liegt, dafür ein Tier getötet werden musste – und ab und an ganz still und für sich danke sagen. Dann werden aus den 20 % Menschen, die regelmäßig und gerne kochen, langsam wieder mehr. Dann werden sie wieder begreifen, dass so zu leben und sich so zu ernähren ein besonders wertvolles Stück »Lebens-Qualität« ist, das höher zu schätzen ist als vieles andere, wozu wir heute verführt werden. Denn es geht um die Freude an Ess-Genuss und Ess-Kultur.

Die Gesundheit unserer Kinder steht auf dem Spiel. Nicht nur falsche Ernährung, auch ungesunde Nahrungsaufnahme führt vor allem bei Kindern auf Dauer zu körperlichen Schäden. Das gemeinsame Mahl in der Familie muss wieder in den Mittelpunkt rücken.

Herrmannsdorf – auf der Suche nach einer neuen Ernährungskultur

In Herrmannsdorf ist alles anders: Der Traum von ökologischer Lebens-Mittel-Erzeugung in einem ganzheitlichen Sinn hat Gestalt angenommen und wird täglich umgesetzt.

An dieser Stelle möchte ich von den Herrmannsdorfer Landwerkstätten berichten. Auf diesem wunderschön gelegenen Landgut habe ich meine Ideen von einer natürlichen Landwirtschaft und Lebens-Mittel-Erzeugung im besseren Einklang mit der Natur und der Einheit von Kunst, Kultur sowie Leben in die Realität umgesetzt. Herrmannsdorf ist die Wiege einer neuen Lebens-Mittel-Qualität und einer neuen Lebens-Qualität, die versucht, Leben und Arbeiten, aber auch andere Lebensbereiche den elementaren Bedürfnissen des Menschen besser anzupassen. In Herrmannsdorf ist alles so ganz anders!

Im Jahr 1986 habe ich in der Nähe von Glonn in Oberbayern, rund 30 km südöstlich von München, ein 100 Jahre altes denkmalgeschütztes Hofgut entdeckt, wo ich meine Visionen verwirklichen konnte. Unterstützt von meiner Frau Dorothee und meinen Söhnen Georg und Karl nahmen hier im Laufe der Jahre meine Vorstellungen von ökologischer Lebens-Mittel-Erzeugung in einem ganzheitlichen Sinn Gestalt an. Der rote Faden, der sich durch mein ganzes Leben zieht, ist auch gleichzeitig die Führungslinie durch die Herrmannsdorfer Landwerkstätten, ist das Leitbild des achtsamen Umgangs mit allem Leben und Lebensnotwendigen.

Herrmannsdorf beruht auf drei Säulen

- Ökologische Wirtschaftsweise in der landwirtschaftlichen Erzeugung von Pflanzen und Tieren statt Hochleistungs-Monokulturen
- Handwerkliche Verarbeitungsmethoden statt industrieller, arbeitsteiliger Automation
- Ökologie der kurzen Wege, aus der Region für die Region – statt Globalisierung von überall her.

Herrmannsdorf ist der Mittelpunkt eines Netzwerkes von etwa 70 ökologisch wirtschaftenden Bauern und Herstellern in der Region, wobei Herrmannsdorf als Schwerpunkt die Verarbeitung der ökologisch erzeugten Pflanzen und Tiere in Metzgerei, Bäckerei, Käserei, Brauerei und Obstbrennerei sowie die Vermarktung der Lebens-Mittel in bester ökologischer Qualität übernimmt. Auf diese Weise sind die vielen Stufen der Verarbeitung auf kurzem Wege vereint; es wird wieder Nähe hergestellt zwischen dem Ort, an dem die Pflanzen und Tiere wachsen, und dem Ort, wo sie zu Lebens-Mitteln umgewandelt und auch vermarktet werden. Hinter diesem Herrmannsdorfer Verbund steht ein neues, umfassendes Leitbild eines achtsamen Umgangs mit allem Leben und Lebensnotwendigen: mit dem Boden, dem Wasser, der Luft sowie den Pflanzen, den Tieren und den Menschen. Das Netzwerk aus Bauern, Gärtnern, Verarbeitern und Vermarktern bietet ein hohes Maß an Sicherheit für den Verbraucher. Eine überschaubare Anzahl von Personen, die auf Gedeih und Verderb zusammenarbeiten, auf ein gemeinsames Ziel ausgerichtet sind und sich ethischen Grundnormen verpflichtet fühlen, »beschummeln« und betrügen sich nicht so leicht.

Kontrolle ist gut, aber Vertrauen ist wichtiger; das ist die Umkehrung des berühmten Satzes eines gewissen Herrn Lenin. Das vorherrschende agro-industrielle System ist inzwischen so verschlungen, dass die Stoffströme eigentlich unkontrollierbar geworden sind. Da kann auf den vielen Stufen und bei dem Hin und Her unbeabsichtigt oder auch beabsichtigt so viel Ungutes geschehen. Das zu kontrollieren bräuchte Legionen von Kontrolleuren und viele Hunderte von hochgerüsteten Labors; unbezahlbar! Die chemische Analyse zeigt dann ohnehin nur das, was man zählen, messen und wiegen kann, und das, wonach man sucht.

Den Gesetzen der Natur folgen

Die ökologische Landbewirtschaftung versucht, weitgehend den Regeln und Gesetzen der Natur zu folgen, und das heißt vor allem, die örtlichen Stoffkreisläufe geschlossen zu halten und Monokulturen zu vermeiden. Die Natur kennt keine Monokulturen, sondern zeigt uns, wie Vielfalt und Wechsel Kräfte und Symbiosen entstehen lassen, die reiches, kraftvolles und gesundes Leben ermöglichen. Monokulturen sind anfällig für Krankheiten und Störungen von außen. Boden, Pflanzen und Tiere gehören zusammen. Die Ausscheidungen der Tiere sind natürlicher Dünger und sorgen zusammen mit schonender Bodenbearbeitung, mehrjährigen Fruchtfolgen, sinnvollen Zwischenfrüchten und Untersaaten für gesunden und natürlich fruchtbaren Boden.

So wie die Natur kennen auch die Herrmannsdorfer keine Monokulturen. Auf fruchtbaren Böden – natürlich gedüngt – wachsen gesunde Pflanzen, die die Tiere fressen.

Auf fruchtbarem Boden wachsen starke und gesunde Pflanzen, die reich sind an all den vielen Stoffen, Kräften und Wirkungen, die sie dem fruchtbaren Boden entnehmen und die lebensnotwendig sind für ein gesundes und kraftvolles Leben von Mensch und Tier, die diese Pflanzen essen. Es werden keine synthetischen Düngemittel und keine Pestizide benötigt wie in den konventionellen Monokulturen. Immer gleich genutzte Böden, die synthetisch gedüngt werden, laugen schnell aus. Die Pflanzen verarmen und werden immer »leerer« an Vitalstoffen sowie anderen lebensnotwendigen Energien. Und sie werden immer »voller« an Rückständen von Pestiziden.

Tierhaltung in Herrmannsdorf

In Herrmannsdorf wird auf die Bedürfnisse der Tiere Rücksicht genommen. Wie muss ihr Lebensraum beschaffen sein, was ist artgerecht? Diese Fragen waren und sind zentral im Umgang mit Tieren.

Ein ganz besonderes Anliegen von mir als Metzgermeister, der ja professionell Tiere für andere töten muss, ist ein artgemäßer Umgang mit unseren langwirtschaftlichen Nutztieren. Wir halten sie, wir nutzen sie, wir töten sie, weil wir ihre Milch, die Eier und das Fleisch für unser Leben brauchen. Wir leben von anderem Leben. Tiere bleiben dennoch Mitgeschöpfe, denen wir ein anständiges Leben schuldig sind, so, wie es sich für kultivierte Menschen gehört.

Leitbild bei der Entwicklung und Gestaltung einer artgerechten Tierhaltung war immer die Fragestellung: Was ist gut für die Tiere, wie müssen die Ställe aussehen,

sodass Rinder, Schweine, Schafe, Hühner, Enten, Gänse und Puten sich wohl fühlen? Wie muss das Futter zusammengesetzt sein, woher muss es stammen und wie muss es angebaut sein, damit es dem natürlichen Stoffwechsel der jeweiligen Tierart entspricht? Wie muss der letzte Weg des Tieres gestaltet sein? Wir müssen versuchen, uns in die Lage der uns anvertrauten Tiere zu versetzen. Tiere sind in unserer Hand – wie Kinder –, sie sind hilflos und können sich nicht wehren. Sie können nicht anklagen, sie können nicht weglaufen.

Immer wieder stellt sich erneut die Frage: Was ist artgerechte Tierhaltung? Was ist tiergerecht? Wie muss der Lebensraum von Tieren gestaltet sein, damit die jeweilige Tierart ihre artgemäßen Bedürfnisse befriedigen kann und ein »ihrer Würde« gemäßes Leben zu führen in der Lage ist? Wie viel technischer Fortschritt ist bei der Haltung und Fütterung der Tiere vertretbar? Was muss getan werden, damit die Beziehung zwischen Mensch und Tier dabei nicht verloren geht, sondern eine hohe Gewichtung erfährt? Wenn also täglich wiederkehrende schwere körperliche Arbeit wie das Füttern oder das Ausmisten von moderner Technik übernommen wird, so muss in anderer Weise dafür Sorge getragen werden, dass der Tierpfleger die gewonnene Zeit für sorgfältige Beobachtung und den Kontakt mit den Tieren nutzt. Die Technik sollte nicht dazu dienen, um immer mehr Tiere auf immer engerem Raum zu halten. Das meint wohl das Bibelwort, das da sagt: »Nur das Auge des Herrn macht die Tiere fett!«

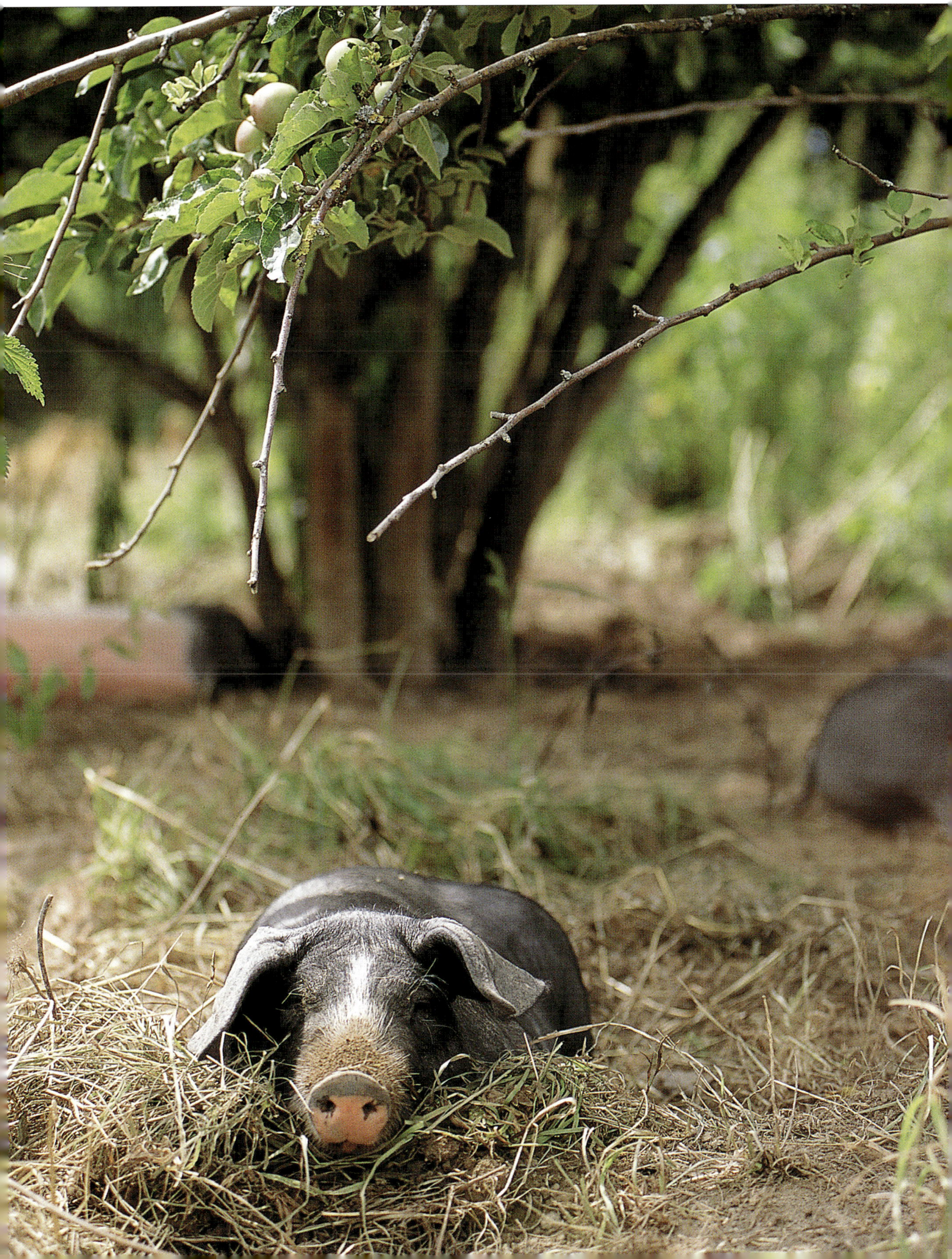

Was ist wirklich gut für die Tiere?

Tiere werden inzwischen ganz überwiegend »produziert« wie technische Güter. Tierproduktion von Bullen, Schweinen, Masthähnchen, Legehennen und Puten findet zu mehr als 90 % in hochintensiven Betrieben statt, ist weitgehend verwissenschaftlicht und automatisiert. Die Hochleistungszucht dieser Tiere mit Hybridlinien, künstlicher Befruchtung sowie Embryotransfer (und wahrscheinlich bald auch Gentechnik) zur Erzielung immer höherer, einseitiger Leistung bei intensivster, unnatürlicher Haltung und Fütterung hat erschreckende Formen angenommen, die so sehr gegen die Natur der Tiere gerichtet sind, dass der Verstand alarmiert ist: Das kann doch nicht gut gehen; man kann doch nicht dauerhaft gegen die Natur arbeiten; irgendwann schlägt sie zurück (was sie beim Rinderwahnsinn BSE zum ersten Mal getan hat).

Die Devise in Herrmannsdorf lautet: Denkt immer zuerst daran, was für die Tiere gut ist.

Bei der Intensivhaltung von Sauen wird heute eine maximale Leistung von bis zu 24 aufgezogenen Ferkeln pro Sau und Jahr erreicht. Für eine artgerechte Tierhaltung kann bei Abwägung aller Faktoren eine jährliche Leistung von 16 bis 18 Ferkeln erwartet werden. Milchkühe geben in Hochleistungsbetrieben im Durchschnitt der Herde 8000 Liter Milch pro Kuh und Jahr, wobei Spitzenkühe bis zu 12 000 Liter geben. Solche Hochleistungstiere bringen im Durchschnitt nur noch 2,6 Kälber in ihrem Leben zur Welt, und sie werden dabei maximal fünf Jahre alt. Bei artgerechter Tierhaltung im ökologischen Landbau können im Durchschnitt einer Herde 5500 bis 6000 Liter Milch erwartet werden. Die Kühe bekommen sechs bis acht Kälber in ihrem Leben und werden acht bis zehn Jahre alt. Bei den Hühnern sieht es folgendermaßen aus: In Hochleistungsbetrieben der industriellen Hühnerhaltung legt ein Huhn 290 Eier pro Jahr. Bei artgerechter Hühnerhaltung im ökologischen Landbau können 240 bis 265 Eier pro Jahr erwartet werden.

Bei der Planung von Herrmannsdorf lautete der Auftrag: »Denkt immer zuerst daran, was für die Tiere gut ist.« Wir haben gelernt, immer nur zu fragen, was gut, d. h. rationell für die Menschen ist. Ca. 95 % aller landwirtschaftlichen Nutztiere leben in Intensivhaltung und werden nach industriellen Methoden auf engstem Raum fast vollautomatisch »produziert« (Sauen verbringen häufig ihr ganzes Leben in engen Käfigen. Kälber leben zumeist in Boxen, in denen sie gerade mal aufstehen und sich niederlegen können. Hühner in Käfighaltung haben einen Lebensraum so groß wie ein DIN-A4-Blatt.) Das gilt auch inzwischen für kleinere bäuerliche Betriebe, die von außen wie Bauernhöfe aussehen, aber ihre Tiere genauso »intensiv« auf engstem Raum halten wie die großen Höfe mit ihrer Massentierhaltung. Auch dem Menschen mit seinem Bedürfnis nach sinnvoller und guter Arbeit wird die industrialisierte Tierhaltung nicht gerecht. Die natürliche Beziehung von Mensch und Tier kann nicht gelebt werden. Wir nachdenklichen Ökologen – in Herrmannsdorf und anderswo – sind nicht technik- oder gar wissenschaftsfeindlich (was uns oft fälschlicherweise nachgesagt wird). Aber wir stellen Fragen, welche Technik sinnvoll ist und wo Grenzen sind. Technik, die schwere Arbeit übernimmt, ist hochwillkommen. Automation und Roboter, die den kreativen Menschen überflüssig machen, sind der »Rubikon«, der in Landwirtschaft und Lebens-Mittel-Erzeugung nicht überschritten werden sollte. Landwirtschaft und auch die Lebens-Mittel-Verarbeitung sind ihrem Wesen nach keine industriellen Verfahren mit hochintensiven Spezialbetrieben, zwischen denen hin und her und kreuz und quer aufwändig transportiert wird, während Frische, Qualität und Lebendigkeit im wahrsten Sinne des Wortes auf der Straße bleiben. Wenden wir uns noch einmal den Tieren zu. Die Tierhaltung bei den Herrmannsdorfer Landwerkstätten orientiert sich deshalb immer an folgenden Grundsätzen: so viel Licht, so viel Luft, so viel Sonne, so viel Bewegung wie möglich bei der Gestaltung des Lebensraumes.

Technik sinnvoll einsetzen, aber die Grenzen erkennen – danach handeln die Ökologen in Herrmannsdorf.

Der Lebensraum der Tiere

Rinder sind »Lauf«-Tiere. Sie sind immer in Bewegung, langsam hierhin, langsam dorthin. Eins geht, andere folgen, ruhig, ohne Aufregung. Die Ruhe und Gelassenheit überträgt sich auf Menschen, die mit Rindern zu tun haben. Wenn sie liegen, wollen sie gebührenden Abstand voneinander. So ist eine optimale »Rinderwohnung« ein-

geteilt in ein Schlafzimmer mit Stroh (Liegeplatz), ein Esszimmer (Fressplatz), ein Kinderzimmer (Kälber- und Jungviehstall) und bei Milchkühen den Ort, wo sie die Milch abliefern. So laufen die Kühe langsam hin und her und sind ständig in Bewegung, haben frische Luft, Licht und Sonne. Im »Schlafzimmer« sind sie geschützt vor Regen und Wind. Die mögen sie nicht. Kälte macht ihnen nichts aus – im Gegenteil –, wechselnde Temperaturen stärken ihre Gesundheit und Widerstandsfähigkeit. Im Sommer haben die Rinder natürlich Auslauf auf den nahe gelegenen Weiden.

Schweine sind »Spiel«-Tiere, neugierig, sie müssen immer irgendetwas erkunden. Sie laufen schnell irgendwohin – und schnell wieder zurück. Sie spielen gerne miteinander, sie raufen und rempeln wie Schulbuben. Natürlich möchten sie wühlen, um etwas Essbares zu finden, und sie müssen sich suhlen, wenn es heiß ist, denn sie können von Natur aus nicht schwitzen. Die Suhle ist das Badezimmer. Hier findet die Körperhygiene statt. Wenn sie schlafen, liegen sie gern dicht an dicht mit Körperkontakt auf warmem Stroh in zugfreien Holzhäusern und nicht auf Spaltenböden über ihren eigenen Exkrementen. Sie haben bei uns »Ökos« das heutzutage seltene Privileg, nur Getreide, Bohnen, Erbsen, Gras (so, wie Menschen frischen Salat brauchen) und Heu aus natürlichem Anbau der Region sowie etwas pflanzliches Eiweiß zu fressen. Die Herrmannsdorfer Schweine haben zudem zu ihrer großen Freude die Möglichkeit, sich regelmäßig auf den nahe gelegenen Lehmhügeln auszutoben. Bauer Rudolf und seine Helfer sorgen sich um gute Beziehungen zu ihren Tieren. So können sich unsere Schweine freuen und lachen, und sie tun es auch!

Hühner sind zwar ihrem Wesen nach »Flugtiere«, sie sind immer noch Vögel. Sie brauchen aber den offenen Auslauf, wo sie scharren und kratzen können, wie es der natürlichen Suche nach Nahrung entspricht. Sie brauchen den Platz, wo sie im Sand »hudern« können. Das ist das Bad des Huhnes und für seine Hygiene sehr wichtig. Zum Schlafen möchten sie »aufbaumen«, oben in der Luft! Deshalb muss der Schlafplatz entsprechend einem Baum gestaltet sein. Der Nistplatz muss dem Bedürfnis nach Schutz und Nest entsprechen.

Also, was gut ist für die Schweine, die Rinder und das Geflügel, für ihre Gesundheit und für ihr Wohlbefinden, bringt auch gute Leistungen, geringe Tierarztkosten und schließlich gutes Fleisch. Das muss dann auch gut sein für uns Menschen, seien es nun Tierpfleger mit würdevollen Arbeitsbedingungen oder Fleischesser mit dem angenehmen Gefühl im Bauch und im Herzen, »würdevoll gewachsenes« und zugleich gesundes, wohlschmeckendes, zartes und bekömmliches Fleisch zu essen.

Über das Töten von Tieren

Häufig wurde ich gefragt: »Wie steht du als Metzger zu den Tieren, was bedeuten sie dir? Und was empfindest du, wenn du ein Tier tötest?« Die Frage traf mich nicht unvorbereitet, denn darüber hatte ich viel nachgedacht, hatte oft in stillen Stunden des Fastens in mich hineingehorcht. Wir müssen auch über dieses Thema reden, über das Töten von Tieren, die uns anvertraut sind und von deren Fleisch wir essen.

Es gibt mehrere Möglichkeiten, mit dieser Tragik, Leben zu nehmen, fertig zu werden. Die häufigste ist wohl die Verdrängung: Nichts hören, nichts sehen, nicht darüber nachdenken! Dabei sind uns die Tiere ja unmittelbar nahe – nicht nur auf dem Teller. Und es ist banal, aber unumgänglich, dass das Tier, dessen Fleisch wir essen, getötet werden muss. Einige Menschen entscheiden sich deshalb, Vegetarier zu werden. Ich habe für mich eine andere Antwort gefunden: Ich bin mir dessen, was ich tue, bewusst, wenn ich töte, und ich erkenne die Tragik, die darin liegt. »Es ist die Tragik des Lebens, dass die Nahrung des Menschen aus lauter getöteten Seelen besteht«, soll ein Eskimo-Schamane gesagt haben. Dieser Satz beschäftigte mich viele Jahre. Ich habe Künstler gebeten, diese Aussage in ihre Kunst zu übertragen. Es hat mir geholfen, mein Bewusstsein zu schärfen. Wenn ich heute ein Rind oder ein Schwein töte – und ich schlachte von Zeit zu Zeit –, erlebe ich dabei jede Phase mit den Sinnen und dem Herzen. Am Töten von Tieren, wenn wir deren Fleisch essen wollen, kommen wir nicht vorbei, unerträglich wäre mir nur der Vorwurf der Rohheit. Und deshalb gibt es so etwas wie eine moralische Mindestanforderung: Das Tier muss ein gutes Leben gehabt haben und behutsam und stressfrei vom Leben zum Tod gebracht werden.

Lebens-Mittel-Handwerk und moderne Technik

Die Herrmannsdorfer Landwerkstätten tun nicht nur etwas für die Gesundheit des Bodens, des Wassers, der Pflanzen und der Tiere. Sie stellen in natürlicher und gesundheitsfördernder Weise Lebens-Mittel in höchster Qualität her. Dabei werden Technologien eingesetzt, die eine schonende und Wert erhaltende Verarbeitung gewährleisten. In den vier Werkstätten Bäckerei, Käserei, Brauerei und Metzgerei wird eine neue Verbindung angestrebt zwischen alten, zum Teil bereits vergessenen handwerklichen Fertigungsmethoden und neuem Wissen auf der Höhe der Zeit und sinnvoller moderner Technik.

In der Metzgerei sind Schlachten, Zerlegen und Verarbeiten wieder unter einem Dach vereint. Es wird wieder zusammengebracht, was zusammengehört und was wir in der arbeitsteiligen, hochspezialisierten Wirtschaftsweise auseinander genommen

Ein weiser Eskimo-Schamane hat einmal gesagt: »Es ist die Tragik des Lebens, dass die Nahrung des Menschen aus lauter getöteten Seelen besteht.« Damit muss man sich auseinandersetzen oder auf Fleischverzehr verzichten.

und räumlich getrennt haben. Was wir lange als Fortschritt empfunden haben, entpuppt sich immer mehr als »Rückschritt« mit vielen Nachteilen. Wir müssen kühlen, tiefgefrieren, auf- und abladen, transportieren und wenden dafür hohe Kosten auf, Frische und Qualität bleiben im wahrsten Sinne des Wortes auf der Strecke. Das ganze Hin und Her ist zudem in höchstem Maße unökologisch und belastet Natur und Umwelt. Ich habe die gute, alte Warmfleischtechnologie, die ich in meiner Jugend noch gelernt habe, wieder neu entdeckt. Sie nutzt die im schlachtwarmen Fleisch vorhandenen schnell abbaubaren Stoffe und Wirkungen für die Wurst- und Schinkenherstellung. Damit werden die sonst üblichen Hilfsstoffe und vor allem Geschmacksverstärker überflüssig, die etwas vortäuschen, was in Wirklichkeit nicht mehr vorhanden ist, und so unseren Geschmackssinn »belügen und betrügen«. Glutamat, schönfärberisch Geschmacksverstärker genannt, ist nach meiner Erfahrung eine Droge, die abhängig macht! Unsere Meister in Herrmannsdorf lassen es sich zur Ehre gereichen, natürliche Gewürze und Kräuter selbst zusammenzumischen und so unseren Würsten einen individuellen, unverwechselbaren Geschmack zu geben. Sie widerstehen der Versuchung, aus Bequemlichkeit einfach nur eine Tüte zu öffnen und den Inhalt über das Brät zu streuen. Unsere Knochenschinken und unsere Salamis reifen in Erdreifegewölben, langsam und auf ganz natürliche Weise und ohne Hilfsstoffe, nur mit Meersalz und sonst nichts! Diese Erdreifegewölbe sind aus dickem Ziegelmauerwerk zwei

Alles unter einem Dach: Wachsen, Gedeihen, Schlachten, Zerlegen und Verarbeiten. Das Ziel in Herrmannsdorf sind kurze Wege und eine geringe Belastung von Umwelt und Natur.

Meter unter die Erde gebaut. Ein intelligent ausgeklügeltes Belüftungssystem sorgt für gute Frischluft.

Die Rohmilchkäserei verarbeitet nur naturbelassene, nicht homogenisierte und pasteurisierte Milch und macht daraus in unseren Erdreifegewölben langsam und natürlich gereiften Hartkäse. Besonders stolz sind wir auf den zwei Jahre alten »Alter Herrmannsdorfer« nach Art des Parmigiano sowie den langsam gereiften Bergkäse. In der Bäckerei wird aus dem täglich frisch gemahlenen vollen Korn im Natur-Sauerteig-Verfahren das Brot gebacken. Im vollen Korn werden der weiße Mehlkörper – aus dem Weißbrot gebacken wird –, der Keimling und die sieben Schalen gemeinsam vermahlen und verbacken. So ist im »Voll«-Kornbrot noch alles an Stoffen, Kräften und Wirkungen drin, was die Natur in das ganze Getreidekorn hineingelegt hat. Die uralte, über Jahrhunderte von Bäckergeneration zu Bäckergeneration entwickelte Sauerteigmethode ist ganz einfach: Eine Hand voll Teig vom Brot von heute wird genommen, sorgsam gepflegt und vermehrt und in das Brot von morgen gegeben. So wird mit der Vielfalt und Fülle der Mikroorganismen das Leben des Brotes von gestern auf das Brot von morgen übertragen. Leben wird weitergegeben von Brot zu Brot, weiter und weiter: Tag für Tag, Jahr für Jahr.

Der Brauer verwendet für das naturtrübe, ungefilterte »Schweinsbräu« ungespritzte Gerste und Hopfen, sodass sich die »Biologie« beim Brau- und Gärvorgang voll entfalten kann. Das ist wahres Reinheitsgebot, da wird nichts hinzugefügt und wieder weggenommen, da wird nicht pasteurisiert und erhitzt, um haltbar zu machen. Da sind dann noch alle natürlichen Kräfte und Wirkungen drin: ein Lebens-Mittel!

Ziel all dieser alten/neuen Verfahren ist es, möglichst schonend und behutsam bei der Verarbeitung der Lebens-Mittel vorzugehen und sich dabei an der Natur zu orientieren, zu beobachten und zu versuchen, die Natur zu begreifen, und nicht zu glauben, klüger zu sein als sie. Die von gesunden Pflanzen und vitalen Tieren kommende ursprüngliche Lebendigkeit und Vitalqualität soll möglichst unversehrt erhalten bleiben.

Ist ökologische Qualität messbar?

Es war eine wunderbare und unerwartete Erfahrung für mich, zu erleben, wie ökologisches Denken und Handeln, verbunden mit hohem fachlichen Können und unterstützt von sinnvoller Technik, zu einer einzigartigen Qualität führen, die fast schon ausgestorben ist, ja vielleicht sogar oft besser ist als »anno dazumal«. Da sagen die Älteren, die sich noch erinnern: »Das schmeckt ja wie früher!« Und da spüren die Jüngeren, die diese Qualität nie kennen gelernt haben, dass ihnen diese lebensenergiereiche Lebens-Mittel-Qualität gut tut und ihr Wohlbefinden fördert.

Menschen unserer Zeit sind keine körperlichen Schwerstarbeiter mehr. Wir sind alle mehr und mehr Arbeiter des Geistes geworden, wir müssen »bei der Sache sein«, uns viele Stunden hintereinander konzentrieren, ganz gleich, ob wir eine komplizierte Maschine oder einen Computer bedienen oder Verhandlungen führen. Wir brauchen für diese Tätigkeiten gute Nahrung, um starke Nerven zu behalten oder schwache Nerven zu stärken. Fleisch und Fleischerzeugnisse in ökologischer Qualität sind Nervennahrung in konzentrierter Form und vor allem: Sie schmecken besonders gut.

Leider hapert es heute noch an einer objektiven Messbarkeit von ökologischer Qualität. Die heute üblichen Messmethoden können ökologische Qualität nicht von normaler unterscheiden. Aber es gibt auch einige viel versprechende Methoden: Prof. Fritz Popp, Gründer des Internationalen Instituts für Biophysik in Hombroich, misst das in lebenden Zellen gespeicherte ultraschwache Licht. Die Menge des abgestrahlten Lichtes lässt auf den Grad der Lebendigkeit, Unversehrtheit und Natürlichkeit schließen. Außerdem gibt es die bildschaffenden Methoden, die von den Anthroposophen entwickelt wurden, sowie elektrochemische Messungen von Prof. Hoffmann, die uns bei der Beurteilung der »Qualität hinter der Qualität« weiterhelfen können.

Ökologische Qualität lässt sich (noch) nicht messen, aber schmecken! Die Älteren fühlen sich an früher erinnert, die Jüngeren spüren den Unterschied mit Gaumen und Zunge.

DAS GUTE
FLEISCH

Am Anfang war das Fleisch

Unsere Vorfahren, die Menschenaffen, lebten wahrscheinlich vor 5 bis 7 Millionen Jahren in den Urwäldern Ostafrikas. In den hohen Bäumen gab es nur gelegentlich Fleisch von Insekten und allem, was kriecht und fliegt. Die »Fleischtöpfe« waren leer. Als dann durch Klimaveränderung der Urwald zurückging, mussten sie hinaus in die Savanne. Sie stellten ihre Ernährung um. Sie wurden vom Sammler zum Jäger. In der Savanne gab es große Herden von Gazellen und Antilopen. Fleisch im Überfluss. Sie stellten sich auf die Hinterbeine, um die Hände frei zu haben für Speere, Steinschleudern sowie Pfeil und Bogen. Sie erfanden das Feuer und hatten volle Fleischspieße. Das Gehirn begann zu wachsen, die langsame Entwicklung zum Menschen begann. Der Mensch hat sich während seiner Evolution vom Pflanzenfresser zu einem Allesfresser entwickelt. Die vorherrschende Nahrung über die 2 Millionen Jahre seiner Entwicklung als Jäger und Sammler war Fleisch, und ohne Fleisch wäre die menschliche Intelligenz in ihrer heutigen Form nicht möglich gewesen.

Mensch und Tier werden sesshaft

Erst »kürzlich«, vor etwa 10 000 Jahren, wurden die ersten Menschen sesshaft. Sie fingen im Zweistromland an, Ackerbau zu betreiben. Dazu brauchten sie Tiere, als Zugtiere und als Transporttiere. Sie zähmten Wildtiere, vor allem Rind, Pferd, Esel, Schwein und Huhn, und lebten in enger Symbiose mit ihnen. Sie lernten, dass sie ohne die Hilfe von Tieren in ihrer Welt gar nicht überleben konnten. Rinder, Pferde und Esel zogen den Pflug und transportierten Waren und Menschen. Schweine und Hühner fraßen, was die Menschen übrig ließen, alle düngten den Acker. Die Menschen gingen deshalb achtsam mit den ihnen anvertrauten Tieren um, man brauchte sie und musste sie gut behandeln, damit sie gesund und leistungsfähig blieben. Am Ende ihres Lebens aß man sie! Man tötete sie ohne Sentimentalität, aber wahrscheinlich mit Achtsamkeit und Respekt; man hatte schließlich lange mit ihnen zusammengelebt und man hatte Hunger!

Wenn die Zeiten gut waren, hatte man volle Fleischtöpfe, wenn sie schlecht waren, sei es durch Kriege oder durch ungünstige Witterung, dann hungerte man; die Fleischtöpfe waren leer. Immer war Fleisch die wertvollste und wichtigste Nahrung, wenn man sie bekommen konnte. Sie ist das bis heute geblieben. Die großen Religionen haben nie Fleisch als Nahrung verboten, bis auf ganz wenige Ausnahmen. Sie haben zwar den Verzehr von Fleisch bestimmter Tiere unter Tabu gestellt, bei den Hindus das weibliche Rind, bei Juden und Muslimen das Schwein aus Gründen, die in der Vorstellung und Lebensweise der Gesellschaftsgruppen begründet waren. Heute hat das Tier seine Bedeutung als Zug- oder Transporttier weitgehend verloren. An die Stelle der Zugtiere sind weltweit die Traktoren und Automobile getreten. Geblieben sind die landwirtschaftlichen Nutztiere, von deren Milch, Fleisch oder Eiern wir leben und was wir in Maßen für ein gutes und kraftvolles Leben brauchen.

Tiere waren in der Frühzeit der Menschheit nicht nur Garanten für volle Fleischtöpfe. In erster Linie dienten sie den Menschen bei der Urbarmachung des Landes und zum Transport von Waren.

Die Fleischqualität

Die Qualität von Rindfleisch hängt ab von der Intensität der Marmorierung – so nennt man es, wenn das rote Muskelfleisch von vielen feinen, möglichst weißen Fettäderchen durchzogen ist.

Die feine Fettäderchen-Marmorierung ist abhängig von der Rasse, vom Futter, vom Alter, aber auch von den individuellen Anlagen des einzelnen Tieres. Die Fleischrassen Angus, Hereford, Limousin haben besonders gute Anlagen für eine feine Marmorierung. Aber auch andere Rassen, wie z.B. Fleckvieh und Pinzgauer, können die feine Fettäderchen-Marmorierung entstehen lassen. Sie allein ist es, die den Wohlgeschmack, die Zartheit und die Saftigkeit ins Fleisch bringt. Mageres Rindfleisch schmeckt einfach nicht, ist von Haus aus fade, trocken und oft auch zäh. Die feine Fettäderchen-Marmorierung ist das zuverlässige Zeichen für hohe geschmackliche Qualität und Güte. Der Kenner weiß das.

Die Fettäderchen im Fleisch sind Garant für eine gute Marmorierung, die für Wohlgeschmack, Zartheit und Saftigkeit sorgen.

Dem Einwand, mageres Rindfleisch sei gesund und fettes Rindfleisch führe direkt zum Herzinfarkt, lässt sich mit folgenden Argumenten begegnen: Wer das äußere Fett nicht mag, schneidet es vor dem Essen ab. Die im Fleisch verteilten feinen Fettäderchen schmelzen zum Teil beim Kochen und Braten und verteilen sich in der Pfanne oder dem Sud. Der kluge Koch weiß, dass er deshalb nur ganz wenig Fett braucht, und zwar möglichst Rinderfett, das der Metzger gerne gratis dazugibt und das man kurz in der Pfanne auslässt, bevor das Fleisch dazukommt. Raffiniertes, gebleichtes und gehärtetes Industriefett sollte man tunlichst nicht verwenden. Die Meinung der Ärzte und der Wissenschaft über das Cholesterin in tierischen Fetten ist im Wandel begriffen. Die einfache Formel »tierische Fette = Herzinfarkt« ist so nicht mehr haltbar. Die Butter ist längst durch wissenschaftliche Arbeiten rehabilitiert.

Der Körper braucht Cholesterin. Die Menge des im Blut konzentrierten Cholesterins ist mehr vom körpereigenen Regelmechanismus abhängig als von der von außen zugeführten Menge tierischen Fettes. Allerdings gilt die Grundregel: lieber etwas weniger, dafür aber in besserer Qualität. Wir sind nicht mehr die Schwerstarbeiter von früher. Wir werden mehr und mehr geistige Arbeiter, die sich konzentrieren müssen, ganz gleich, ob wir eine komplizierte Maschine oder einen Rechner bedienen oder ob wir uns in Verhandlungen und Gesprächen konzentrieren müssen. Wir brauchen Nahrung für die Nerven zur Stärkung der geistigen Leistungsfähigkeit, und da genügt wenig. Das Wenige aber soll rein und natürlich gewachsen sein, es soll Genuss bereiten und Lebensfreude schenken. Wir müssen umdenken von Quantität zu Qualität. Qualität heißt heute ökologische Qualität.

Die Engländer und Amerikaner wissen das schon lange. Dort wurden die international bekannten Fleischrassen wie Angus und Hereford herangezüchtet. Dort wurde eine Fleisch-Kultur aufgebaut und eine staatliche Klassifizierung eingeführt, die ausschließlich nach der Marmorierung unterscheidet. Die beste Qualität ist »Prime«, die zweitbeste ist »Choice«. Die dritte, »Good«, kommt kaum in den Handel, weil sie den Kunden zu mager ist.

Die Japaner wissen, wie viel gutes Fleisch wert ist. Für 1 Kilo vom Kobe-Rind zahlen sie schon mal 200 Euro.

Die Japaner wissen das noch besser. Eine spezielle, dort entwickelte Mastmethode ist die Kobe-Methode. Die Rinder bekommen reines Naturfutter auf der Basis von Getreide, Rüben und Kartoffeln und außerdem Bier, das appetitanregend wirkt. Das hat seinen Preis: Das intensiv von Fettäderchen durchzogene Kobe Beef kostet um die 200,– Euro je Kilo! Die Japaner wissen, warum: Solch »fettes« Rindfleisch schmeckt einzigartig gut. Lieber weniger, aber dafür Gaumenfreude!

Klassifizierung nach Marmorierung

Rindfleisch

Entspricht die Marmorierung mindestens der auf dem Foto vom Côte de Bœuf oder Pavé (Seite 55, links und rechts), so ist es »super« Qualität mit der feinen Fettäderchen-Marmorierung. Ist die Marmorierung geringer ausgebildet, so ist es gute Qualität.

Die Klassifizierung wird nicht nach Geschlecht (Ochse, Bulle, Färse) und nicht nach Rasse wie z. B. Angus, Fleckvieh etc. vorgenommen. Eine Einteilung nach Marmorierung kann der Verbraucher verstehen, sie ist einfach und hat einen hohen Informationswert für Güte und Qualität.

Das Fett im Rindfleisch sollte möglichst weiß, das Muskelfleisch kräftig rot sein (und nicht hellrot wie beim Jungbullen). Die Oberfläche des Rindfleisches muss sichtbar und fühlbar trocken sein. Um eine solche Rindfleischqualität entstehen zu lassen, muss den Tieren Zeit gegeben werden, langsam zu wachsen. Das Mindestalter von Färsen sollte zwei Jahre, bei Ochsen noch älter sein. Jungbullen sind dafür schlecht geeignet. Ihr Fleisch ist blassrosa und kaum marmoriert.

Kalbfleisch

Kalbfleisch in ökologischer Qualität ist hellrot und nicht weißlich-rosa und auch nicht kräftig dunkelrot wie Fleisch von ausgewachsenen Rindern. Die an der Oberfläche trockenen Kalbfleischstücke sollen einen ganz feinen äußeren Fettüberzug aufweisen.

Schweinefleisch

Beim Schweinefleisch ist es ähnlich. Auch hier ist eine feine, allerdings geringere Marmorierung als beim Rindfleisch für den vollen, aromatischen Geschmack, Saftigkeit und Zartheit erwünscht. Der Speck muss kernig und schneeweiß sein, die Oberfläche des Fleisches kräftig rot und trocken. Es dürfen sich keine Wasserpfützen in der Schale unter dem Fleisch bilden.

Das wird nur erreicht, wenn die Tiere langsam wachsen und erwachsen werden mit einem Lebendgewicht von deutlich mehr als 100 kg. Das gibt auch die besten Schinken und die bessere Salami.

Lammfleisch

Beim Lammfleisch verhält es sich ähnlich wie beim Rindfleisch: eine feine Fettäderchen-Marmorierung und eine deutliche äußere Fettabdeckung müssen sichtbar sein. Das Muskelfleisch muss trocken und kräftig dunkelrot sein.

Die internationalen Bezeichnungen der Fleischstücke vom Rind

1

D	Rumpsteak
BY	Lendensteak
F	Entrecôte
GB	Sirloin
I	Bistecca

2

GB	Porterhouse

3

GB	T-Bone

4

F	Noix d'Entre-côte
GB	Ribeye

5

D	Hüfte
BY	Hüfte
A	Hüftscherzl
F	Romsteck
GB	Rump
I	Scamone

6

D	Hüftsteak
BY	Hüftsteak
A	Hüftsteak
GB	Sirloin

7

D	Filetsteak
BY	Filetsteak
A	Filetsteak
F	Chateaubriand
GB	Fillet Steak

8

D	Filet
BY	Filet
A	Lungenbraten
F	Filet
GB	Tenderloin
I	Filetto

9

D	Roastbeef
BY	Lende
A	Beiried
F	Faux Filet
GB	Striploin
USA	Roastbeef

10

D	Hohe Rippe
A	Rostbraten-ried
F	Côte de Bœuf
GB	Prime Rib
I	Controfiletto

11

D	Bürgermeister-stück
BY	Pfaffenstück
A	Hüfer-schwanzerl
F	Aiguillette Baronne
GB	Cap of Rump
I	Capello del Prete

12

D	Tafelspitz
BY	Tafelspitz
A	Tafelspitz
F	Gîte Noix
GB	Silverside

13

D	Unterschale

14

D	Weiße Rolle
BY	Meiserl
A	Weißes Scherzl
F	Ronde de Gîte
GB	Eye of Round
I	Magatello

15

D	Oberschale
BY	Oberschale
A	Schale mit Deckel
F	Bifteck
GB	Topside
I	Controgirello

16

D	Kugel
A	Nuss
F	Ronde
GB	Thick Flank
I	Noce

17

D	Roulade
BY	Roulade
A	Tafelstück
I	Involtino

18

D	Spinne

19

D	Zungenstück
A	Vorschlag

20

D	Dicke Schulter
BY	Dicke Schulter
A	Dicke Schulter
F	Boule de Macreuse
GB	Shoulder Clod
I	Spalla alta

21

D	Schild
BY	Flache Schulter
A	Schulterscherzl
F	Paleron
GB	Blade
I	Copertina di spalla

22

D	Falsches Filet/ Runde Schulter
BY	Judenfilet*)/ Dünne Schulter
A	Schultermeisl

F	Macreuse
GB	Chuck Tenderloin
I	Girello di spalla

23

D	Brustspitz
A	Brustkern
F	Poitrine
GB	Brisket

24

D	Flache Rippe
BY	Dünne Rippe
A	Riedhüfl
F	Plate de Côtes
I	Costina di Pancia

25

D	Kronfleisch
F	Hampe
GB	Thin Shirt
I	Lombata

26

D	Nierenzapfen
BY	Nierenzapfen
A	Herzzapfen
F	Onglet
GB	Thick Shirt
I	Lombatello

27

F	Bavette
GB	Shirt Steak
I	Bavetta

28

D	Beinscheibe
F	Gîte Arrière
I	Ossobuco

*) weil Juden aus religiösen Gründen kein echtes Filet aus dem verbotenen Hinterviertel essen

Die Fleischstücke vom Rind

 **Roastbeef:** im Ganzen als Braten zu verwenden. Aus dem flachen Roastbeef werden Rumpsteaks oder Lendensteaks zum Kurzbraten geschnitten.

 Porterhouse-Steak: aus der hinteren Hälfte des Roastbeefs zur Keule hin, nach amerikanischem Schnitt (600–1000 g). Die Rückenwirbelknochen werden wie ein T sichtbar. Auf der einen Seite sitzt das Rumpsteak, auf der anderen Seite ein dickes Filetsteak. (Dieses Stück darf nach der BSE-Krise im Handel nicht mehr angeboten werden.)

 T-Bone-Steak: aus der vorderen Hälfte des Roastbeefs mit dem T-förmigen Knochen, nach amerikanischem Schnitt (500 g). Auf der einen Seite sitzt das Rumpsteak, auf der anderen Seite ein kleines Filetsteak. (Dieses Stück darf nach der BSE-Krise im Handel nicht mehr angeboten werden.)

 Ribeye-Steak, das Gustostück: ohne Knochen. Aus dem besten Teil der hohen Rippe – Côte de Bœuf – geschnitten. Die Rippen- und Federknochen sind entfernt, ebenso der Hochrückendeckel.

 Hüftsteak: ohne Fettrand, ohne Knochen. Aus der Hüfte geschnitten. Der Hüftdeckel ist entfernt.

 Filetsteak: Große dicke Scheiben heißen Chateaubriand, kleinere dünnere Scheiben zum auslaufenden schlankeren Ende sind Filetspitzen. Aus dem dickeren Mittelstück des Filets.

 Hohe Rippe: das klassische Côte de Bœuf oder Prime Rib of Beef, ein Festtagsbraten. Die Hochrippe hat drei Schichten: die innere mit dem Rippenknochen, die mittlere, fein marmorierte und die äußere magere Schicht. Lassen Sie die drei Schichten trennen. Das mittlere Herzstück, im Englischen Ribeye genannt, ist eines der edelsten Stücke vom Rind und leichter und schneller zu braten als das Côte de Bœuf. Die beiden äußeren Schichten sind gut für eine kraftvolle Brühe.

 **Bürgermeister- oder Pfaffenstück:** ein kleines dreieckiges Stück von der Außenseite der Nuss. Feinfaserig und gut marmoriert, saftig und zart, war es früher für den ersten Mann im Dorf bestimmt. Das war in Norddeutschland der Bürgermeister und im Süden der Pfarrer. Daher stammt der Name.

 Tafelspitz: der Hüftdeckel oder das obere Ende des Schwanzstückes. Ein mageres, klassisches Stück der Wiener Küche, berühmt durch das Hotel Sacher. Aber es ist eher etwas trocken.

 Unterschale: aus der Keule. Ist etwas grobfaseriger als die Oberschale. Zum Braten, Schmoren, für Gulasch und Rouladen.

 Oberschale: sehr mager und kurzfaserig, das beste Teilstück der Keule. Aus ihr werden Rouladen geschnitten.

Weiße Rolle oder Schwanzrolle: von der Unterschale abgetrenntes Fleischstück, das wie eine Rolle aussieht. Mager, aber zäh und zum Kochen und Braten wenig geeignet. Hingegen gut für Rauchfleisch und Bündner Fleisch.

 Kugel oder Nuss: ein kompaktes Stück, sehr zartes Fleisch, im Ganzen als Braten geeignet.

 Spinne, Wade oder Hesse: ein flaches, stark sehnenhaltiges Stück, das auf dem Ende der Unterschale liegt, dort, wo die Haxe beginnt. Saftig und wohlschmeckend, weil es stark mit Sehnen durchzogen ist. Gut für Gulasch und als Kochfleisch.

 **Zungenstück oder Rinderhals:** hervorragendes Gulaschfleisch, kann im Ganzen auch gekocht werden. Gut geeignet für Pavé.

Dicke Schulter: im Ganzen zum Braten geeignet; für kleinere Rouladen in dünn geschnittenen Scheiben.

 Schild oder flache Schulter: ein längliches, drei bis vier Finger dickes, gut marmoriertes Stück vom Schulterblatt, das von einer Sehne durchzogen wird. Für Kenner das beste Kochfleisch!

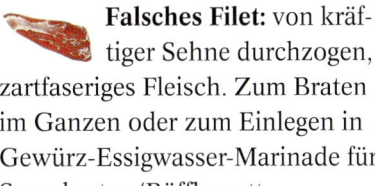 **Falsches Filet:** von kräftiger Sehne durchzogen, zartfaseriges Fleisch. Zum Braten im Ganzen oder zum Einlegen in Gewürz-Essigwasser-Marinade für Sauerbraten/Böfflamott.

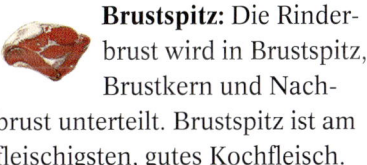 **Brustspitz:** Die Rinderbrust wird in Brustspitz, Brustkern und Nachbrust unterteilt. Brustspitz ist am fleischigsten, gutes Kochfleisch.

 Flache Rippe, Spannrippe oder Querrippe: wie gewachsen, ein besonders preiswertes Stück. Lassen Sie den mageren, zähen Deckel sowie die Rippen mit den Fettschichten abschälen und kochen Sie daraus eine kraftvolle Brühe. Das mittlere, dünne Stück mit der einzigartigen feinen Fettäderchen-Marmorierung ist eines der besten Stücke vom Rind zum Kochen und Braten.

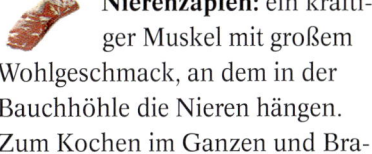 **Kronfleisch:** aus dem dicken Ende des Zwerchfells, das in der Bauchhöhle die weißen und roten Innereien trennt. Zum Kochen im Ganzen und Braten in Scheiben.

Bavette: ein flaches, sehnenfreies Stück aus der Flanke, dem Bauchlappen; so groß und so dick wie zwei Handflächen eines großen, starken Mannes. Feinfaserig, saftig und wohlschmeckend. Zum Kochen und Dünsten im Ganzen. Hierzulande weniger bekannt als in Frankreich.

Nierenzapfen: ein kräftiger Muskel mit großem Wohlgeschmack, an dem in der Bauchhöhle die Nieren hängen. Zum Kochen im Ganzen und Braten in Stücken.

 Beinscheibe: Sie ist mager und von vielen kleinen und größeren Sehnen durchzogen, die das Fleisch saftig machen. Für Gulasch und zum Schmoren.

Die internationalen Bezeichnungen der Fleischstücke vom Kalb

1

D	Filet
BY	Filet
A	Filet
F	Filet
GB	Fillet
I	Filetto

2 und **3**

D	Lende
A	Lende
F	Côte de veau
GB	Rib
I	Lombata di vitello

4 und **5**

D	Kotelett
BY	Kotelett
A	Kotelett
F	Carré
GB	Loin
I	Cotoletta di vitello

6

D	Nackenbraten mit und ohne Knochen
A	Halsgrat
F	Collet
GB	Neck

7

D	Schulter
F	Épaule
GB	Shoulder
I	Spalla

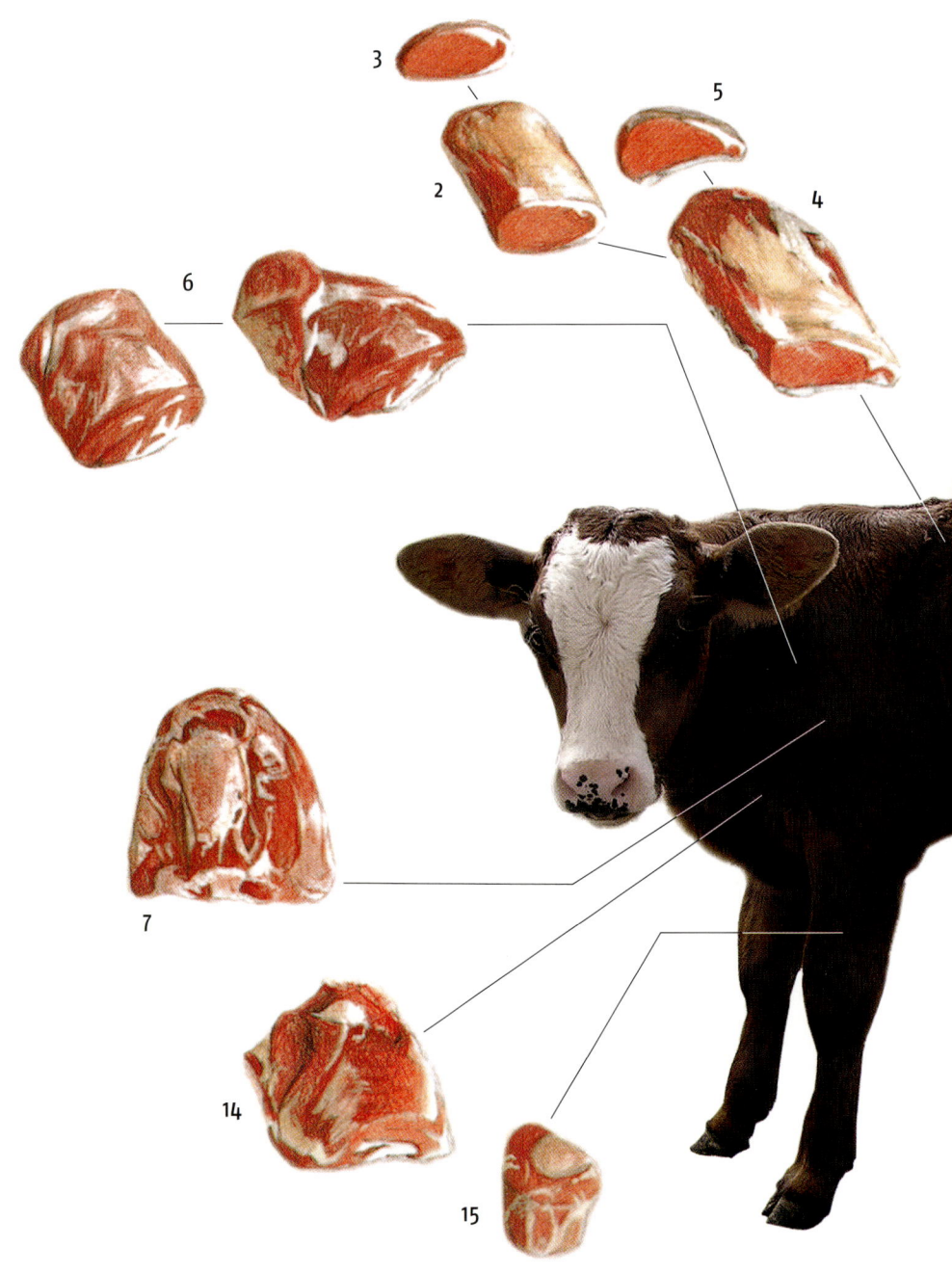

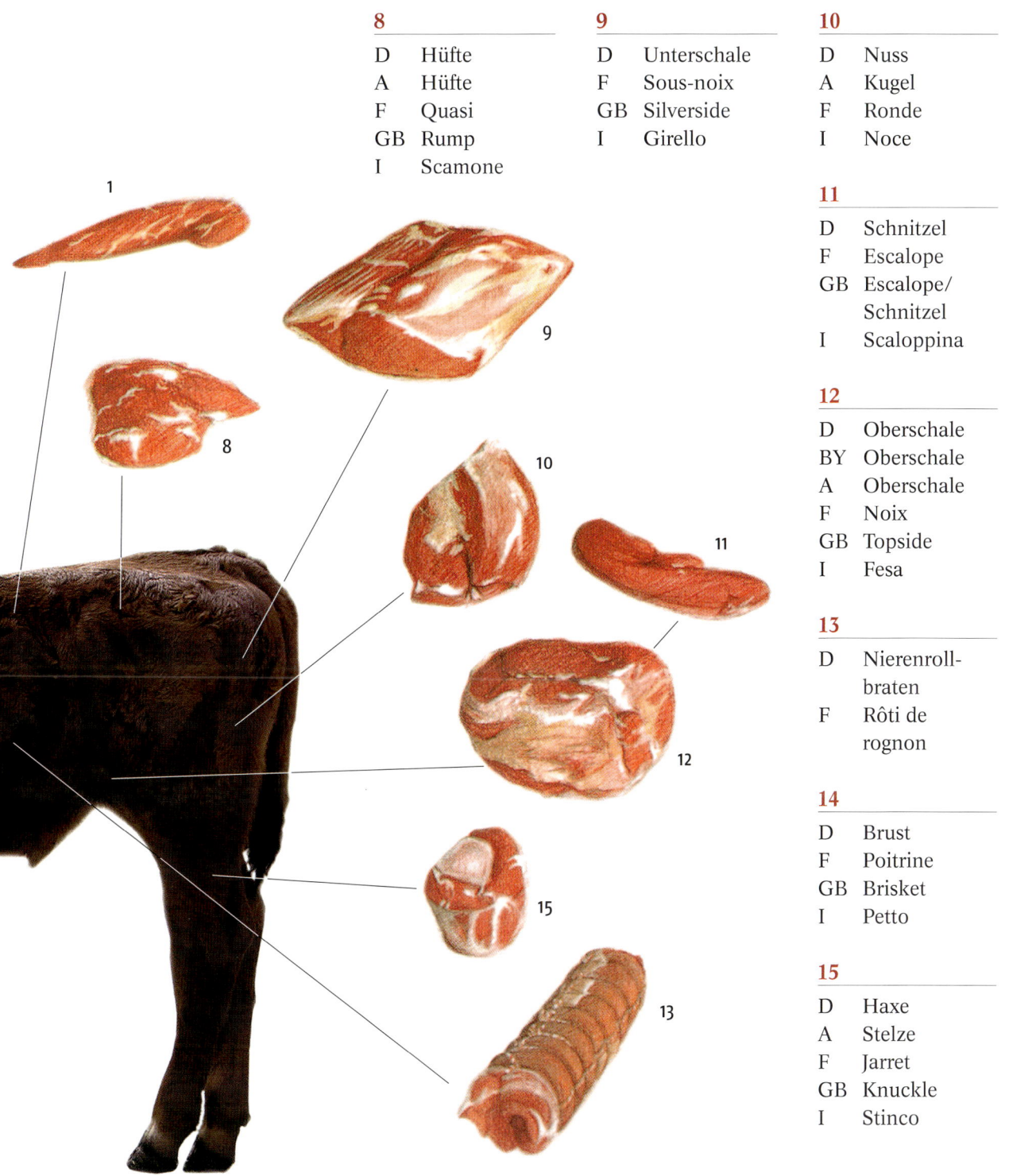

8

D	Hüfte
A	Hüfte
F	Quasi
GB	Rump
I	Scamone

9

D	Unterschale
F	Sous-noix
GB	Silverside
I	Girello

10

D	Nuss
A	Kugel
F	Ronde
I	Noce

11

D	Schnitzel
F	Escalope
GB	Escalope/ Schnitzel
I	Scaloppina

12

D	Oberschale
BY	Oberschale
A	Oberschale
F	Noix
GB	Topside
I	Fesa

13

D	Nierenroll- braten
F	Rôti de rognon

14

D	Brust
F	Poitrine
GB	Brisket
I	Petto

15

D	Haxe
A	Stelze
F	Jarret
GB	Knuckle
I	Stinco

Die Fleischstücke vom Kalb

 **Filet:** ein besonders zartes, mild schmeckendes Stück vom Kalb. Sehr gut zum Kurzbraten geeignet (Medaillons), aber auch als saftiger Braten am Stück.

Lende: So wird der Muskelstrang oberhalb des Rückgrats bezeichnet, fast so zart wie das Filet. Zum Kurzbraten in Scheiben, aber auch als Braten am Stück geeignet.

Kotelett: Das Rippenkotelettstück wird auch als Karree oder Karbonade bezeichnet. Ist zum Braten im Ganzen geeignet, in Stücke geteilt als Koteletts.

Nackenbraten: ist gut marmoriert, daher besonders saftig. Ein gutes Stück für saftige Braten. Klein geschnitten für Ragouts oder Gulasch zu verwenden.

 **Hüfte:** ein Stück aus der Keule. Im Ganzen ideal zum Schmoren und Braten oder als kleine Schnitzel »Piccata«.

 Nuss oder Kugel: aus der Keule. Im Ganzen ergibt es einen saftigen Braten, aber auch für Geschnetzeltes oder kleine Schnitzel »Piccata« geeignet.

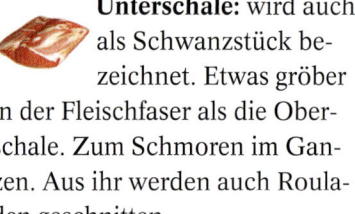 **Unterschale:** wird auch als Schwanzstück bezeichnet. Etwas gröber in der Fleischfaser als die Oberschale. Zum Schmoren im Ganzen. Aus ihr werden auch Rouladen geschnitten.

 Schulter: besteht aus drei leicht trennbaren Teilen: dicke Schulter zum Braten oder als kleine Schnitzel »Piccata«, flache Schulter zum Kochen und runde Schulter als Bratenstück.

 **Oberschale:** sehr mager und kurzfaserig, das beste Teilstück der Keule. Aus ihr werden Schnitzel geschnitten.

 Nierenrollbraten: Spezialität aus dem Rücken mit anhängender Dünnung. Die in Fett eingehüllte Niere wird dabei mit eingerollt. Braten für Kenner und besondere Gelegenheiten.

 Brust: enthält relativ viel Fett und Bindegewebe. Mit Knochen zum Kochen und ohne Knochen mit dem Rippenfleisch zum Braten geeignet.

 Haxe: Vorder- und Hinterhaxe sind gut zum Schmoren und Braten geeignet. Die Hinterhaxe ist schwerer und fleischiger. Beinscheiben aus der Hinterhaxe werden für Ossobuco verwendet.

Die Fleischstücke vom Schwein

 Filet oder Lende: liegt an der Unterseite des hinteren Kotelettstrangs. Ist zart und saftig. Im Ganzen als Braten, in Scheiben als Medaillons.

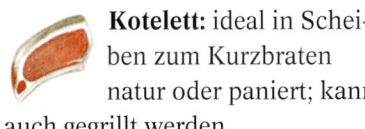 **Kotelettstück:** zum Braten im Ganzen; oder gepökelt und gekocht in Scheiben geschnitten mit Sauerkraut.

 **Kotelett:** ideal in Scheiben zum Kurzbraten natur oder paniert; kann auch gegrillt werden.

Nacken oder Halsgrat: Die Marmorierung sorgt für einen saftigen Braten. Wird auch gepökelt oder geräuchert angeboten.

 Nackenkoteletts: mit oder ohne Knochen zum Braten und Grillen.

 Hüfte: zartes mageres Bratenfleisch. Mit Speck und Schwarte der klassische Schweinebraten.

 **Oberschale:** Daraus werden Schweineschnitzel geschnitten.

 Dicke Schulter: gut geeignet für einen großen Braten mit Speck und mit Schwarte. Es können auch kleine Schnitzel ohne Fett und ohne Sehnen aus der Schulter geschnitten werden.

 Bauch: gepökelt oder geräuchert als Frühstücksspeck oder durchwachsener Speck. Roh mit der Schwarte zum Braten und Grillen oder als Eintopfeinlage.

 **Brustspitz oder dicke Rippe:** Das Fleisch ist gut durchwachsen. Zum Schmoren und Grillen.

 Haxe oder Eisbein: wird gekocht oder auch gegrillt. Die Hinterhaxe ist fleischiger als die Vorderhaxe.

Die internationalen Bezeichnungen der Fleischstücke vom Schwein

1

D	Filet
BY	Filet
A	Filet
F	Filet/Filet mignon
GB	Tenderloin
I	Filetto

2

D	Kotelett
BY	Karree
A	Karree
F	Carré de côtes
GB	Loin
I	Carrè

3

D	Kotelett
BY	Kotelett
A	Kotelett
F	Côtelette
GB	Pork chop
I	Cotoletta

4

D	Nacken
BY	Halsgrat
A	Schopfbraten
F	Échine
GB	Neck
I	Coppa

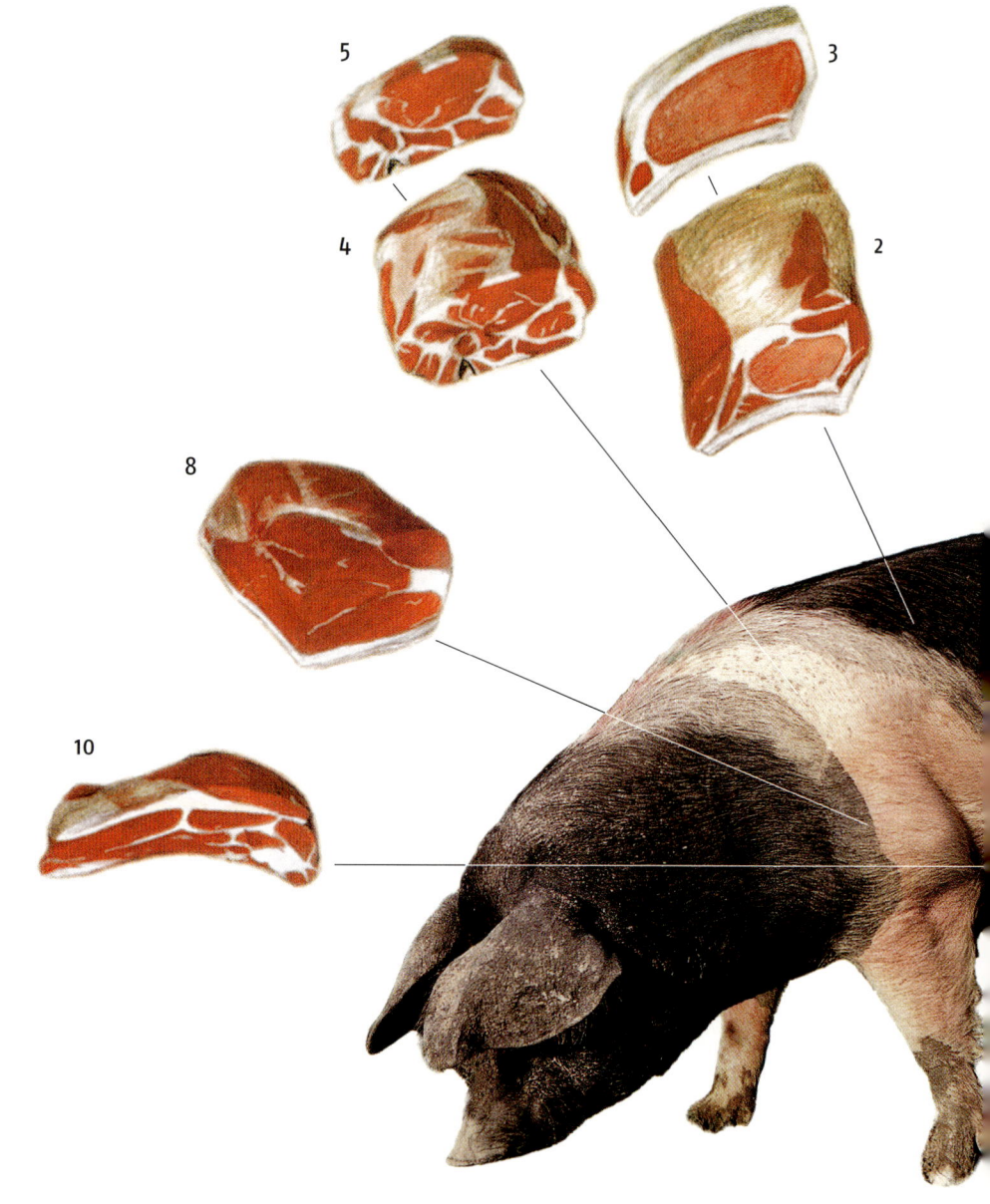

5

D	Nacken-kotelett
BY	Kotelett vom Halsgrat
A	Kotelett vom Schopf

6

D	Hüfte
BY	Hüfte
A	Schlussbraten
F	La Mouille/ Triage
GB	Silverside
I	Scamone

7

D	Oberschale
BY	Oberschale
A	Kaiserteil (Schale)
F	Noix de jambon
GB	Topside
I	Fesa di Maiale

8

D	Dicke Schulter
BY	Dicke Schulter
A	Dicke Schulter
F	Épaule Palette
GB	Shoulder
I	Spalla di maiale

9

D	Bauch
BY	Wammerl
A	Ripperl
F	Poitrine
GB	Belly
I	Pancetta

10

D	Brustspitz
BY	Brüsterl
A	Brustspitz
F	Plate de côtes
GB	Breast/Spare Ribs
I	Punta di Petto

11

D	Eisbein
BY	Hintere Haxe
A	Hintere Stelze
F	Jambonneau
GB	Hock
I	Zampettino

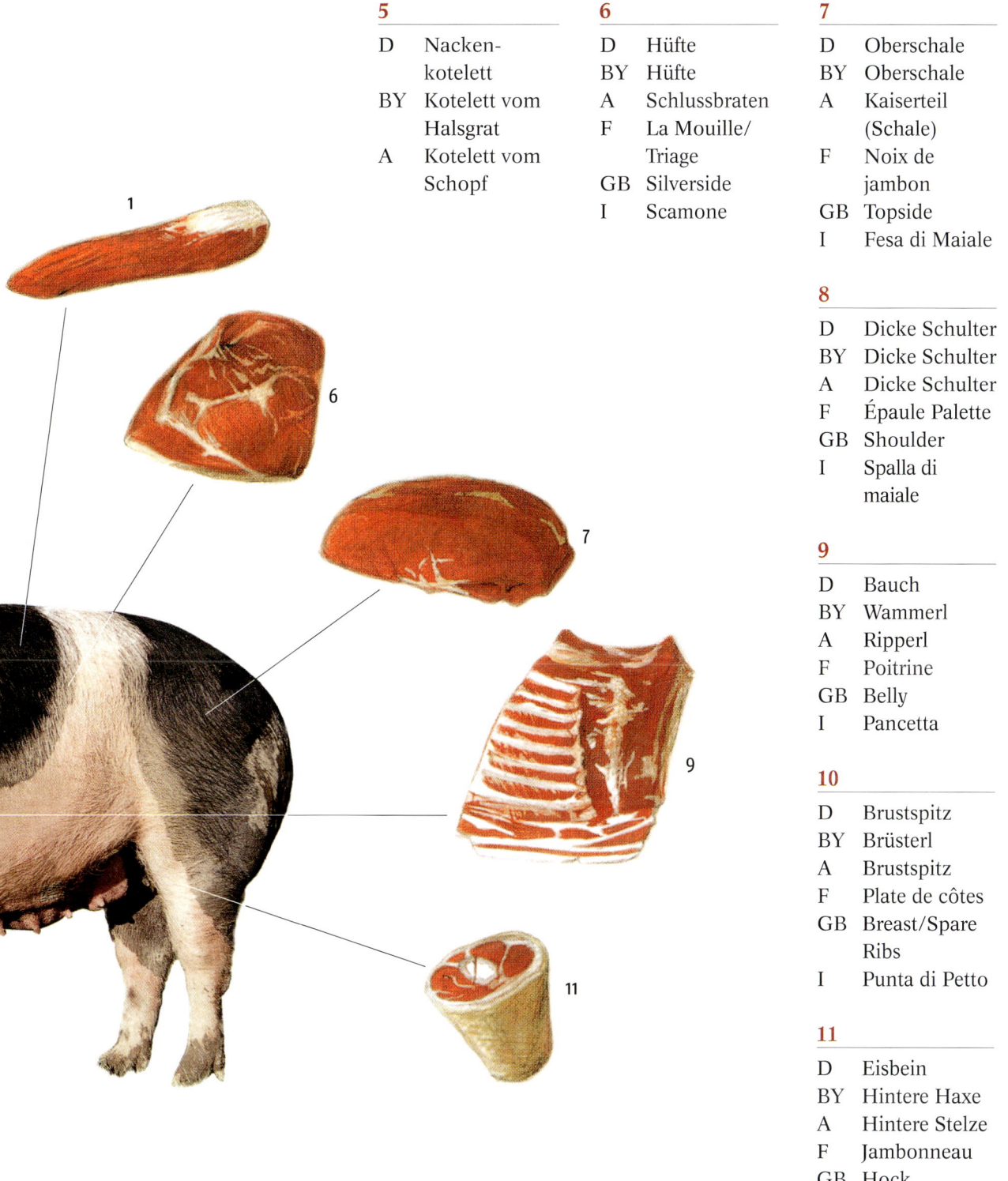

Die internationalen Bezeichnungen der Fleischstücke vom Lamm

1

D	Rücken
BY	Rücken
A	Rücken
F	Selle d'agneau
GB	Saddle
I	Schiena

2

D	Kotelett
BY	Kotelett
A	Kotelett
F	Carré
GB	Chop
I	Carrè

3

D	Keule
BY	Keule
A	Keule
F	Gigot
GB	Leg
I	Coscia

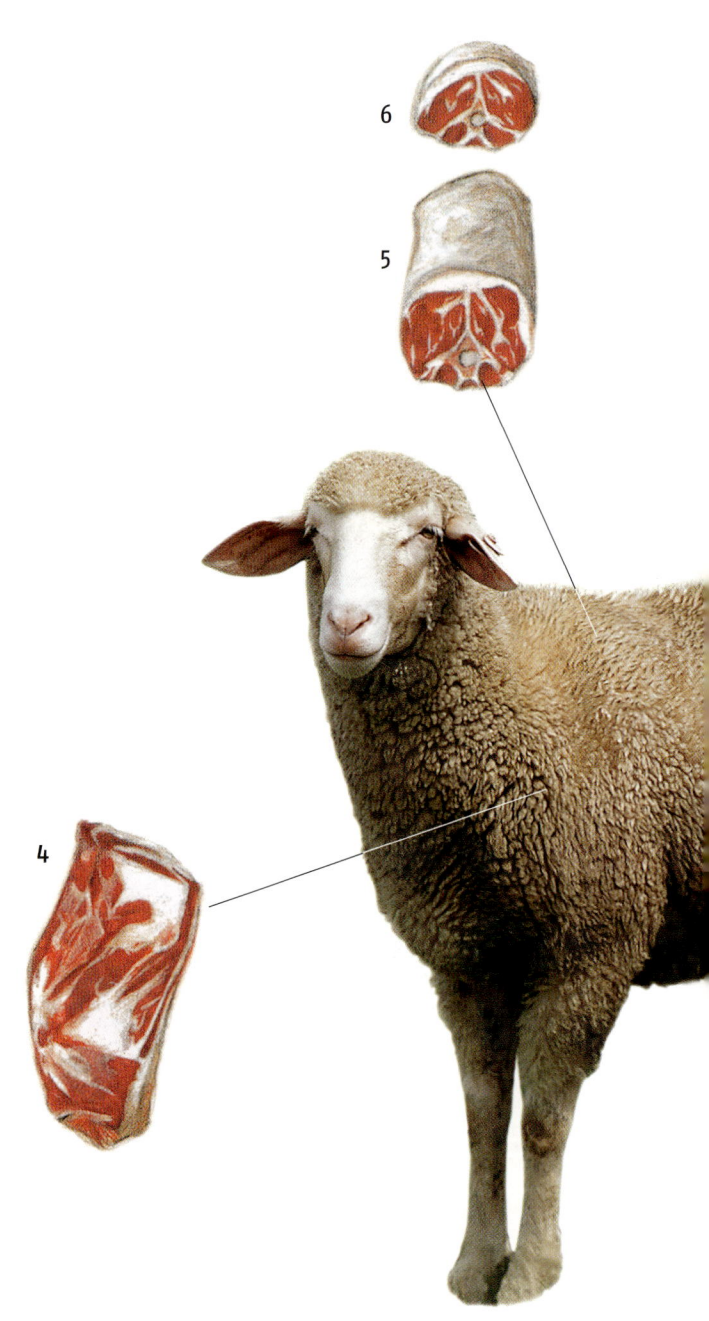

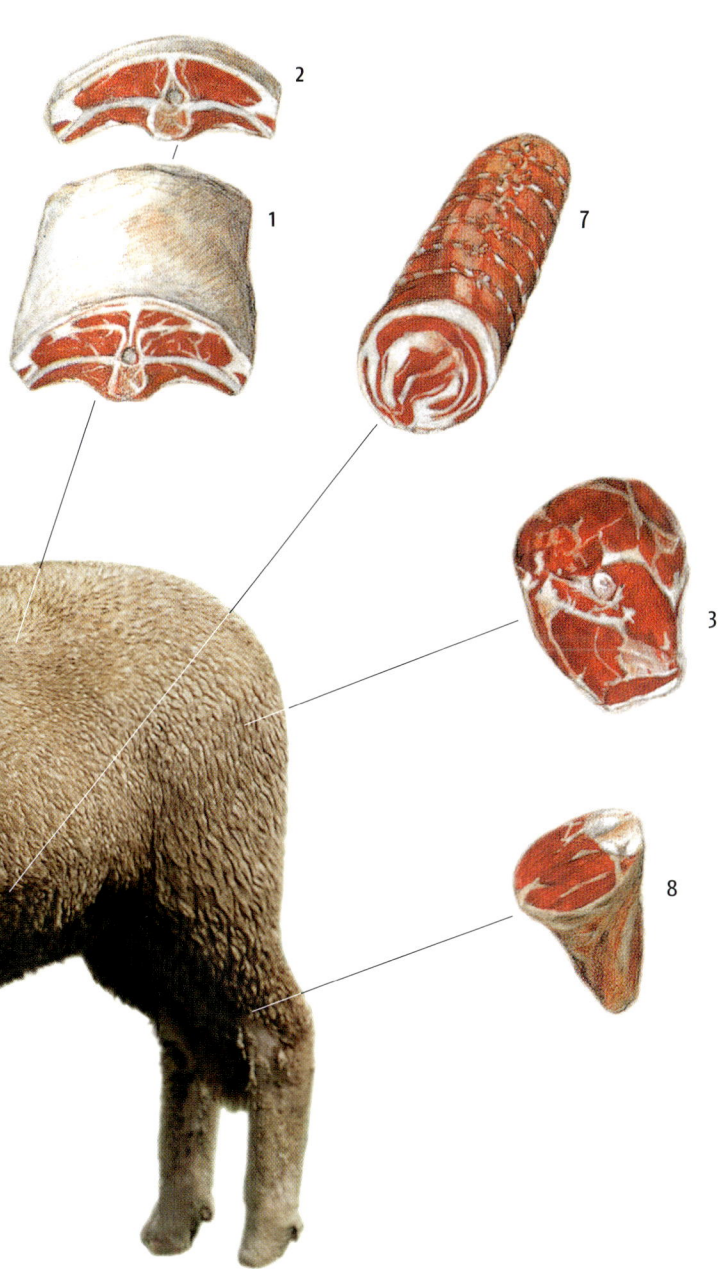

4

D	Schulter
BY	Schulter
A	Schulter
F	Épaule
GB	Shoulder
I	Spalla

5

D	Nacken
BY	Nacken
A	Halsgrat
F	Collet
GB	Best End Neck
I	Coppa

6

D	Nacken-kotelett
F	Haut de côte

7

D	Rollbraten
F	Rôti roulé

8

D	Haxe
A	Stelze
F	Jarret

Die Fleischstücke vom Lamm

 Rücken: wird im Ganzen – mit Knochen – zum Schmoren verwendet. In England das klassische »saddle of lamb«.

 Koteletts: als Doppelkoteletts (Abb.) oder einzeln geschnitten (als Chops) zum Grillen oder Kurzbraten geeignet.

 Keule: gehört zu den größten verwertbaren Teilen vom Lamm. Ist deshalb auch vielseitig verwendbar. Im Ganzen oder ausgelöst, in Teilstücken oder Scheiben kann sie gebraten, geschmort oder gegrillt werden. In Frankreich im Ganzen gebraten das berühmte Gigot, der Festtagsbraten für die große Familie.

 Schulter: ist im Vergleich zur Keule eher klein. Mit Knochen im Ganzen zum Schmoren und Braten zu verwenden. Ohne Knochen kann die Lammschulter aufgerollt und als Braten zubereitet werden. In Würfel geschnitten wird daraus Ragout oder Frikassee gemacht.

 Nacken: sehr gut mariniert. Zum Braten und Schmoren für Gulasch, Ragout oder Eintöpfe.

 Nackenkoteletts: sind ideal zum Kurzbraten oder Grillen. Besonders die Stücke vom ersten bis vierten Brustwirbel sind aufgrund ihrer Marmorierung schön saftig.

 Rollbraten: der Bauchlappen ohne die Rippenknochen wird zusammengerollt im Ganzen gebraten.

Haxe: wird von der Keule abgetrennt, ist meist sehr mager. Im Ganzen mit Knochen geschmort oder gebraten ist sie das kleine Gigot für die nicht ganz so große Familie. Die Haxe ist von feinen Sehnen durchzogen und deshalb besonders saftig und wohlschmeckend.

Was ist drin im Fleisch?

Fleisch ist unser wertvollstes Lebens-Mittel, da es uns mit einer ganzen Palette von lebenswichtigen Nährstoffen versorgt. Das Fleisch von Rind, Kalb, Schwein, Lamm, Ziege, Reh, Hirsch, Hase, Huhn, Ente, Gans, Pute, Fasan, Rebhuhn (in Asien gehören auch Schlange und Hund dazu), liefert ein sehr hochwertiges Eiweiß in günstiger Menge und Proportion aller essenziellen Aminosäuren.

Protein, die Fachbezeichnung für Eiweiß, stammt aus dem Griechischen und bedeutet »das Erste, das Wichtigste«. Das spricht für sich. Mageres Fleisch besteht zu ca. 20 % aus Eiweiß und zu ca. 80 % aus Wasser. Mageres Fleisch ohne sichtbare Marmorierung und Fettauflage hat nur etwa 2 % Fett. Daher gilt mageres Fleisch als besonders kalorienarm, da in 100 g Fleisch nur ca. 100 kcal enthalten sind. Bei marmoriertem Fleisch steigt der Fettgehalt auf 8 bis 10 %, die Anteile von Eiweiß und Wasser verschieben sich geringfügig. Fleisch ist eine wichtige Quelle von Vitaminen der A- und B-Gruppe. Schweinefleisch ist der bedeutendste B_1-Lieferant unter allen Lebens-Mitteln. Neue Erkenntnisse zeigen, dass Fleisch ein dem Fisch vergleichbarer Lieferant des wichtigen Vitamin D ist. Rindfleisch enthält viel Eiweiß (19 bis 22 %). Der Fettgehalt liegt je nach Teilstück zwischen 2 und 15 %. Rindfleisch ist reich an Eisen und Zink und allen B-Vitaminen bis auf Biotin. Kalbfleisch ist reich an hochwertigem, gut verdaulichem Eiweiß und ist fettarm.

Schweinefleisch liefert hochwertiges Eiweiß (je nach Teilstück 17 bis 22 %), Eisen, Zink, Vitamin A und die Vitamine B_1, B_{12} und Niacin. Lamm hat einen hohen Gehalt an Eiweiß, B-Vitaminen (v. a. Niacin und Vitamin B_{12}), Eisen und Zink.

Besonders wichtig ist der Gehalt an Zink und Eisen wegen der hohen ernährungsphysiologischen Wirksamkeit. Das Verdauungssystem des Menschen kann die Mineralien Zink und Eisen aus Pflanzen schlechter aufnehmen als die aus Fleisch. Untersuchungen in neuerer Zeit zeigen immer deutlicher, dass die Wertigkeit des Fleisches und des darin enthaltenen Fettes direkt und ganz stark abhängig ist von der Art der Ernährung der jeweiligen Tierart. Je naturbelassener das Futter, je besser die Nahrung von Rindern, Schweinen, Hühnern etc. dem instinktiven Fressverhalten angepasst ist, desto besser ist der »innere« Wert. Deshalb ist das Fleisch vom Wild, vom Weiderind und Weidelamm deutlich höher einzustufen als das Fleisch der armen Kreaturen aus der Intensivhaltung, die das zu fressen bekommen, was aus aller Welt am billigsten ist. Ein gravierendes Beispiel dafür war in der Vergangenheit die Verfütterung von so genannten Tierkörpermehlen. Das aus Fleischabfällen und Tierkadavern stammende Material wurde als besonders wertvoll und günstig beurteilt wegen des hohen Anteils an Eiweiß, aber ohne nach der physiologischen Wertigkeit zu fragen. Bei der gesetzlich vorgeschriebenen »unschädlichen Beseitigung« in Tierkörperbeseitigungsanstalten werden so hohe Temperaturen bei gleichzeitig hohem Druck vorgeschrieben, dass das Eiweiß in seiner molekularen Zusammensetzung vollständig denaturiert wird. Es ist nicht verwunderlich, dass solches Eiweiß die Prionen im Gehirn von Rindern so verformt hat, dass die Rinder wahnsinnig wurden.

Fleisch enthält viel Eisen, das der menschliche Körper besser aufnehmen und verwerten kann als pflanzliches Eisen.

Über gute Wurst und guten Schinken

Würste haben im Volksmund keinen allzu guten Ruf: »Nur die Metzger und der liebe Gott wissen, was in der Wurst ist, und beide schweigen darüber«, oder »der Magen einer Sau, die Seele einer Frau, der Inhalt einer Worscht, bleibt ewig unerforscht«, belegen dies. Viele Menschen glauben auch heute noch, dass in der Wurst »Abfälle« oder gar Mehl verarbeitet würden. Das ist ein leider weit verbreitetes Vorurteil.

Würste und Schinken haben es in Europa – und sonst nirgends in der Welt – zu einer großen Vielfalt gebracht, differenziert nach geschmacklichen Vorlieben, Klima und dem Reichtum der verschiedenen Regionen. Der Ursprung der Würste liegt im Dunkeln. Erste Hinweise finden sich vielleicht in Homers »Odyssee«, in der in wohlgesetzten Hexametern von in Saumagen gefülltem Blut gesprochen wird. Das deutsche Wort Metzger leitet sich vom Lateinischen marcellus, der Darm, ab. Ganz offensichtlich kannten neben den Griechen auch die Römer schon eine Vielzahl von Würsten.

Eine einfache Methode, Fleisch haltbar zu machen

Um frisches Fleisch haltbar zu machen, wurde es in zu Würsten und Schinken verarbeitet. Dazu diente Salz, das ein natürliches Konservierungsmittel ist.

Würste und Schinken dienten in alten Zeiten ohne mechanische Kühlung vornehmlich der Haltbarmachung von Fleisch, das man an heißen Tagen entweder sofort verzehren oder eben haltbar machen musste. Dazu wurde in erster Linie Salz verwendet, denn Salz konserviert. Wenn Fleischstücke dazu noch gekocht wurden, konnte man die Haltbarkeit um einige Tage verlängern. Alle alten Völker wussten, dass man Fleisch trocknen konnte, um es durch Wasserentzug länger lagern und auf Reisen mitnehmen zu können. Und vor allem nordische Völker sind durch Beobachtung darauf gekommen, dass Fleischteile, die über dem Holzfeuer hingen, durch den Rauch länger haltbar blieben und gut schmeckten.

Außerdem gibt es viele Fleischteile, die sich zum Kochen und Braten nicht besonders gut eignen, weil sie als Braten und als Steak zu klein, zu dünn oder zu stark von Sehnen durchwachsen sind oder weil sie ganz einfach nicht appetitlich aussehen. Solche Fleischteile sind hingegen von ihrem Nähr- und Geschmackswert genauso wertvoll wie die bekannten »edlen« Stücke. Sie sind sinnvollerweise die Grundlage des Hackfleisches oder der Würste. Irgendwann ist ein findiger Kopf darauf gekommen, Fleischteile ohne oder mit Innereien zu zerkleinern, mit Salz zu vermengen und in gereinigte Därme zu stopfen. Solche »Würste« konnte man dann kochen oder trocknen und wahlweise danach auch räuchern. Man lernte schnell, dass sich Würste mit den verschiedensten Gewürzen und Kräutern auf höchst anspruchsvolle Weise würzen ließen und dadurch eine große Breite an Geschmacksvarianten geschaffen werden konnte, was bei großen Braten oder beim Salzen, Trocknen und Räuchern von großen Fleischstücken so nicht möglich ist, weil Gewürze nur auf der Oberfläche geschmacklich spürbar sind.

Es ist geschichtlich belegt, dass sich mit dem Aufkommen der Zünfte im Mittelalter die Kunst des Wurst- und Schinkenmachens verfeinerte. Der Fleischer, in den Alpen der Fleischhauer genannt, wurde zum Metzger. Die Kunst wurde von Meistergeneration zu Meistergeneration weitergegeben. Jede Generation tat ein Quäntchen neuen Wissens hinzu, und durch die Lehr- und Wanderjahre für die jungen Gesellen verbreitete sich das Wissen der Regionen über ganz Europa.

Die Handwerkskunst des angesehenen Metzgers sah dann so aus: Es war selbstverständlich, dass der Meister sich die Tiere selbst lebend aussuchte. Er hatte »seine« Bauern, denen er vertraute, dass sie ihre Schweine, Rinder, Kälber und Schafe gut hielten und gut versorgten. Dass der Stall gesund und warm war, das Futter reich und vielfältig und dass die Tiere Auslauf hatten. Er oder der Bauer brachten die Tiere auf kur-

zem Wege in das kleine Schlachthaus der Metzgerei. Die Tiere wurden sachgemäß und handwerklich geschlachtet und in der Regel sofort und noch warm zerlegt, denn Kühlraum war knapp und teuer. Nur die so genannten Edelteile, das sind die Teile, die sich zur Zubereitung in der Küche besonders gut eignen wie Filet, Roastbeef, Lende, Kotelett etc., wurden zum Verkauf im Laden gekühlt und mehrere Tage oder gar Wochen je nach Fleischstück »abgehangen«, um zart und mürbe zu werden. Die anderen Teile, nicht so gut beim Verbraucher bekannt und nicht so gut in der Küche geeignet, wurden sodann ganz schnell und noch schlachtwarm zu Würsten und Schinken verarbeitet. Das war und ist vernünftig, denn frischer geht es nicht, um die ursprüngliche, lebendige Qualität zu erhalten.

Alte Handwerkskunst: die Warmfleischtechnologie

Ein guter Metzger kennt die Handswerkskunst der Warmfleischtechnologie, bei der das noch schlachtwarme Fleisch sofort weiterverarbeitet wird.

Auch aus hygienischer Sicht ist die Methode äußerst sinnvoll, denn bevor die überall vorhandenen Bakterien das Licht der Welt erblicken und sich vermehren können, ist ihnen schon der Lebensraum durch Salzen, Kochen, Trocknen und Räuchern entzogen. Und dazu wird eine Menge kostbarer Energie eingespart, die sonst durch Kühlen, Einfrieren, Transportieren etc. verbraucht wird. Das nennt man in der Fachsprache die Warmfleischtechnologie. Sie ist nach meiner Erfahrung die Voraussetzung für höchste Lebens-Mittel-Qualität der Würste und Schinken. Das gilt sowohl für die geschmackliche als auch für die gesundheitliche Qualität. Aromen, Hilfsstoffe und Geschmacksverstärker, die verloren gegangene Frische und Lebendigkeit wiederherstellen sollen, sind überflüssig. Größtmögliche Natürlichkeit und Unversehrtheit der Inhaltsstoffe werden so möglich.

Schinken und andere große Fleischteile werden gesalzen und gewürzt und langsam getrocknet oder geräuchert. Das kann viele Monate dauern und braucht gut klimatisierte Räume und viel Erfahrung. Ein wirklich guter, mild gesalzener Knochenschinken mit vollem Geschmack und rundem Bouquet ist die »hohe Schule« des Metzgers. Hier muss er zeigen, was er kann. Kochschinken wird mit einer Gewürzlake gepökelt. Er wird nach einigen Tagen des Pökelns in Formen gepresst und bei niedrigen Temperaturen langsam gegart. Dabei darf er nicht, wie es heute häufig vorkommt, mit viel Wasser voll gepumpt sein. Man muss das Fleisch und nicht Wasser schmecken. Außerdem gibt es die große Gruppe der rohen Würste, der Salamis, die durch Trocknen oder Räuchern haltbar gemacht und nicht gekocht werden. In Deutschland haben die frischen Brühwürste eine große Bedeutung. Sie bestehen aus ganz fein zerkleinertem Brät und sind oft mit feinen oder groben Fleischeinlagen versehen und werden bei Temperaturen von 70 bis 80 °C gebrüht und geräuchert. Dazu gehören z. B. die Wiener, die Fleischwürste, Jagdwürste, Lyoner etc. Wenn Leber und Innereien oder Blut hinzugefügt werden, entstehen Leber- und Blutwürste. Sehr beliebt sind außerdem Bratwürste, die in großer Vielfalt erzeugt werden. Es gibt sie in verschiedenen Dicken und Längen, unterschiedlich gewürzt, und in jeder Region und manchmal sogar jeder Stadt anders, häufig auch mit unterschiedlichen Bezeichnungen.

Bratwürste, Brühwürste, Kochwürste, Rohwürste etc. – die Vielfalt in Europa ist enorm und die Zusammensetzung der Würste streng nach EU-Norm geregelt.

Die Qualität hinter der Qualität

Die Zusammensetzung der Würste ist für die Europäische Union streng geregelt und im Lebensmittelbuch festgeschrieben. Da wird genau festgelegt, wie viel Fleisch mindestens und wie viel Fett und Wasser maximal in jeder Sorte mit einer bestimmten Bezeichnung enthalten sein dürfen. Fleisch ist teuer, Fett ist billig und Wasser kostet fast nichts. So besteht immer die Gefahr, dass am Fleisch gespart wird. Eine gut ausgebaute Lebensmittelüberwachung kontrolliert mit ausgefeilten chemischen Analysen die Einhaltung der Gesetze. Hingegen findet sie nur, was sie sucht. Die »Qualität hinter der Qualität« kann sie nicht finden; das ist die Art, wie der Bauer nach guter Art seine Tiere großgezogen hat, und das ist die Kunst, die in der Sorgfalt des Metzgermeisters liegt. Das, was lebendig, was Leben ist, kann nicht mit chemisch-stofflichen Methoden analysiert werden. »Leben ist das, was im Reagenzglas verloren geht«, hat der große Biologe Erwin Chargaff gesagt.

Würste und Schinken in all ihrer Vielfalt und dem Reichtum an geschmacklichen Erlebnissen, das ist für mich eine Kultur, die auch für gute Brote, Käse, Weine, Biere, Spirituosen, Confiserie zutrifft – nämlich ein wichtiger Teil unserer gewachsenen europäischen Kultur.

VOM KOCHEN
UND ESSEN

Treffpunkt Küche: entspannen und genießen

Eines Tages fragte mich mein Freund John: »Was erlebst du eigentlich, wenn du kochst und Mahlzeiten zubereitest? Was empfindest du und wie geht es dir, wenn du das von dir Zubereitete isst?« Ich habe in mich hineingehorcht und mit meiner Frau Dorothee darüber gesprochen, was wir erleben und empfinden, wenn wir gemeinsam kochen und dann allein oder mit Freunden essen. Ich will versuchen, unsere Gedanken und Empfindungen in Worte zu fassen, wohl wissend, dass Worte – wenn sie nicht von einem Dichter stammen – immer unvollständig und unzulänglich bleiben. Aber sich mit Worten anderen mitzuteilen bedeutet oft, sich Unbewusstes bewusst zu machen. Es schafft Klarheit über Dinge, die scheinbar so alltäglich sind, dass man nicht über sie nachdenkt.

Gemeinsames Kochen ist viel angenehmer und anregender als allein zu kochen, vor allem wenn es mit vertrauten Menschen geschieht. Nach einem intensiven Arbeitstag ist das gemeinsame Kochen eine wunderbare Entspannung. Es tut uns gut, uns auf etwas so Schönes zu konzentrieren und etwas mit den Händen zu tun. Kochen hat für uns unmittelbar mit der Einheit von Leib und Seele zu tun und ist etwas sehr Kreatives und Künstlerisches. Man kann gestalten und seiner Fantasie freien Lauf lassen. Es ist vergleichbar dem Modellieren mit Ton. Und gibt es Schöneres, als sich selbst und seinen Gästen etwas Schönes anzutun? So wird die Küche unsere Werkstatt, in der auch die Gäste mitwirken können.

> Gemeinsam nach einem anstrengenden Arbeitstag zu kochen ist die ideale Entspannung. Kochen ist kreativ und künstlerisch.

Kochen will natürlich gut vorbereitet sein. Wo, wann und was kaufen wir ein? Was bietet die Natur zu dieser Jahreszeit? Gute Qualität zu beurteilen will gelernt sein: anschauen, riechen, fühlen – mit allen Sinnesorganen, die ja bekanntlich in ihrer Kombination die besten und zuverlässigsten »Messgeräte« sind. Ich möchte sicher sein, in möglichst großer Vielfalt wertvolle, vollwertige Lebens-Mittel auf den Tisch zu bringen, die ihre ursprüngliche, natürliche Kraft, Energie oder Information – was immer man darunter verstehen mag – behalten haben, also das, was das Lebendige an den Lebens-Mitteln ausmacht, das, was Leben nicht nur erhält, sondern auch fördert.

Der wahre Wert von gutem Essen

Aber kehren wir zu dem Gastmahl zurück, auf das ich den Gästen, so hoffe ich, den Mund wässrig gemacht habe. Zu einem guten Braten gehören drei: ein guter Bauer, ein guter Metzger und ein guter Koch. Und das nötige Kleingeld? Das hören wir oft: »Ja, aber die Preise! Das ist doch sehr teuer und unbequem dazu, weil man oft lange suchen und weit fahren muss.« Meine Antwort ist dann: »Es stimmt, es ist oft teurer und unbequem. Aber es hat doch mit Ihnen zu tun und Ihrer Lebensqualität. Was ist es Ihnen wert? Ihnen und der Umwelt zuliebe? Welchen Stellenwert haben für Sie guter Geschmack und Genuss im Sinne Epikurs, des griechischen Philosophen der

Lebensfreude? Vielleicht muss man die Hierarchie der eigenen Wertvorstellungen ändern? Das Auto eine Nummer kleiner, ein Anzug und ein Kleid weniger? Oder weniger überflüssige Küchenmaschinen, weniger elektronische Geräte, vielleicht auch einmal eine Ferienreise in die Nachbarschaft, auf einen Bauernhof, wo alles herkommt, was wir uns täglich einverleiben.« Ich habe mir sagen lassen, dass es Menschen gibt, die für einen Liter Motorenöl 10 Euro bezahlen und das Öl für »den eigenen Motor« im Sonderangebot für 50 Cent bei Aldi kaufen.

Es ist auch leicht, das Budget für Lebens-Mittel etwas umzuschichten. Es muss nicht jeden Tag Fleisch auf dem Teller liegen, das hatten unsere Eltern auch nicht. Und es müssen nicht immer die bekannten und teuren Stücke sein – ich sage, ein Filet ist etwas für einen reichen Dummkopf – und es muss nicht immer Kurzgebratenes sein. Es gibt weniger edle Stücke, die gut und günstig sind. Das sind Fleischstücke zum Kochen, die besonders »preis-wert« sind und dennoch kaum gekauft werden, weil sie kaum einer mehr kennt. Man muss sich etwas Mühe geben und vergessene Rezepte studieren.

Und man muss sich die Zeit nehmen, ein gutes Kochfleisch lange köcheln zu lassen. Da hilft auch vorausschauendes Handeln: Das Suppenfleisch mittags aufsetzen, aufkochen lassen und dann das Feuer ganz herunterschalten. Abends ist die Suppe fertig und das Fleisch gar und zart. Oder den Braten mittags in den warmen Ofen schieben und bei Temperaturen unter 50 °C langsam durchwärmen lassen. Das macht ihn zart und mürbe. Abends genügt dann meist eine halbe Stunde Bratzeit zum äußeren Bräunen, die gewünschte Kerntemperatur ist schnell erreicht und der Braten gerät durch und durch gleichmäßig in Farbe und Konsistenz.

Kochen wird zum Fest

Das Fest des Kochens beginnt für meine Frau und mich schon bei der Vorbereitung. Wir kommen nach Hause, die Schürze wird umgebunden, die Ärmel werden hochgekrempelt und dann geht es los. Jeder von uns beiden kennt seine Rolle. Wie soll das Fleisch, der Fisch oder das Geflügel zubereitet werden, wie die Beilagen, wie die Suppe oder die Vorspeise und wie der Nachtisch? Soll gekocht, gedünstet, gebraten, gegrillt werden, und zwar in der Pfanne, im Bräter, in der Kasserolle oder im Römertopf? Auf welche Weise werden die Eigenart, der Eigengeschmack und das Ursprüngliche der Lebens-Mittel am besten bewahrt? Welche Zutaten, Aromen und Gewürze sollen verwendet werden? Wir nehmen nur unbehandelte und unbestrahlte Gewürzkörner, -blüten und -wurzeln, die wir frisch zerstoßen oder reiben; und möglichst frische Kräuter aus dem Garten (oder, außerhalb der Saison, tiefgekühlte, in Öl eingelegte oder getrocknete). Dazu kommen Zwiebeln und Knoblauch (in Essig eingelegt und kurz aufgekocht, wenn es nicht frisch sein kann).

Und dann wird es still in der Küche, es wird nicht mehr viel geredet. Zu hören ist nur das Geräusch des schneidenden, schabenden und hackenden Messers, das Hantieren mit dem Schneebesen oder dem Kochlöffel, das Knistern und Zischen des Fleisches in der Pfanne, das leichte Brodeln des kochenden Suds mit dem Gemüse. Das Gefühl beim Anfassen und Schneiden des kühlen Fleisches und der nackten Haut des

Kochen und Essen müssen nicht teuer sein. Und es muss auch nicht jeden Tag edles Fleisch auf dem Teller liegen.

Geflügels – welche Freude! Das Eintauchen des Fingers in die Crème fraîche zum Probieren – welche Lust! Der Duft der frisch gestoßenen Gewürze – welche Wonne! Die Düfte beginnen sich zu entfalten und zu vermischen, sie steigen aus den Töpfen, aus der Pfanne, aus dem Bratrohr – eine wahre Symphonie.

Kochen mit allen Sinnen

Der Wein wird geöffnet, der alte Bordeaux dekantiert, ein Schlückchen probiert – welche Vorfreude! Das Fleisch wird vom Feuer genommen und dann ruhen gelassen, nachdem wir die Kerntemperatur gemessen haben. Wir haben Zeit, die Sauce zu bereiten. Dazu nehmen wir den Bratensatz und den Fond, der aus dem entsteht, was beim Parieren übrig bleibt: die Knochen und die Fettschnipsel beim Fleisch, die Gräten und der Kopf beim Fisch – aufgekocht, eingekocht, extrahiert, konzentriert. Abschmecken, nachsalzen, probieren – mit allen Sinnen dabei sein! Vielleicht mit Butter aufmontieren oder mit Sahne.

Dann die Suppe, auch wieder bereitet aus dem, was übrig blieb bei der Vorbereitung oder vom letzten Mahl: die Hühnerbrühe, der Fleischfond, der Fischfond, der Gemüsefond, sodann angereichert mit frischen Zutaten und viel Fantasie. Früher war Resteverwerten ein Gebot der Sparsamkeit oder Armut. Wir fühlen uns verpflichtet, nichts wegzuwerfen aus Achtung und Demut vor dem Geschöpf, das getötet, und vor den Pflanzen, die gepflückt, geschnitten oder aus dem Boden gezogen wurden.

Küchenarbeit geht schnell von der Hand, wenn man geübt ist, flink mit den Messern und all den Werkzeugen, die man in der Küche braucht, zu hantieren. Unsere Küche haben wir als Werkstatt und Mittelpunkt des Hauses gestaltet, als Ort der Kommunikation und der sinnlichen Wahrnehmung. Es gibt einen großen Arbeitstisch, an dem auch die Gäste mithelfen können. Er hat den besten Platz am Fenster, zum Hinausschauen und für den Lichteinfall. Er ist die »einladende Grenze« zwischen Esstisch und Gästen. Alles ist offen und miteinander verbunden.

Die Küche als Werkstatt und Mittelpunkt des Hauses ist ein Ort der Kommunikation. Ein großer Arbeitstisch mit viel Licht lädt auch Gäste zum Mithelfen ein.

Weniger ist mehr

Und noch eins: Die Kunst des Kochens liegt wohl darin, das Ursprüngliche und das Einfache zu seiner eigenen Vollkommenheit zu bringen. Weglassen ist da manchmal besser als hinzufügen. Wichtig ist, dass nichts zu heiß wird: Das Fett darf nicht spritzen, und – vor allem – muss man alles langsam angehen. »Du temps, du temps, du temps; du beurre, du beurre, du beurre«, sagte schon Jean-Anthelme Brillat-Savarin, französischer Richter im Staatsdienst und im Privatleben ein begeisterter Koch (1755–1826), der mit seiner »Physiologie des Geschmacks« einen Klassiker der gastronomischen Literatur geschrieben hat. Wir halten uns beim Kochen nicht sklavisch an Rezepte mit »Gramm« und »Grad Celsius« und »Minuten«. Diese Angaben dienen uns lediglich als Anregungen. Wir freuen uns an den unerschöpflichen Möglichkeiten immer neuer Kompositionen; denn das ist das eigentlich Schöpferische und das, was Freude macht. Das lässt Kochen zur Kultur werden: der sorgfältige Umgang mit dem, was die Natur für uns in unendlicher Vielfalt bereithält.

Die Kultur des Kochens und Miteinander-Essens

Die Zeit versinkt, Nervosität und Hektik fallen von uns ab, wir lassen uns ganz fallen. Dann ist es keine Arbeit mehr, sondern reine Erfüllung, anderen, unseren Gästen, eine Freude zu bereiten: »Wer seine Freunde empfängt und sorgt nicht persönlich für das Mahl, verdient keine Freunde« (Jean-Anthelme Brillat-Savarin). Danach sollte man sich richten. Zuletzt werden die Süßspeisen in Angriff genommen: Hier ist meine Frau Dorothee Meisterin. Hier setzt sie all ihre kreativen Fähigkeiten ein. Fast jede Kreation ist eine kleine Welturaufführung!

Der Tisch wird gedeckt wie eine Freudentafel. Das gemeinsame Essen soll stets ein Fest sein. Die Tischdecke, das Geschirr, die Gläser, die Bestecke – nicht der Wert ist entscheidend, sondern wie liebevoll alles arrangiert ist. Dazu Blumen, Kerzen, Dekoration, damit alles schön wird: »Verbreite Freude um dich, und die Schmetterlinge kommen wieder!« ist meine Devise.

Die Schürze wird abgebunden, die Kleidung ein wenig gerichtet. Wir setzen uns mit unseren Gästen zu Tisch. Wir sind einen Augenblick still und dankbar und denken daran, woher die Speisen kommen, die so köstlich duftend vor uns stehen, wir fragen, wer sie wirklich bereitet hat. Wir denken an das Tier, wir denken an die Pflanze, an das, was wir uns nun einverleiben.

Und dann kommt Freude auf, nichts als reine Freude. Der Wein wird eingeschenkt, es wird angestoßen und einander zugeprostet. Es wird geredet – auch über das Kochen und über das Essen – und es wird gelacht. »Lasst uns heute essen und trinken und fröhlich sein, denn morgen müssen wir wieder arbeiten.« Und wir alle lassen es uns schmecken, fahren uns mit der Zunge über die Lippen, streicheln uns den Bauch und geben Laute des Wohlbehagens von uns, dann wird auch dem Letzten bewusst: Das ist wahre Lebensfreude, das ist ein Fest, das ist Kultur!

Wir, die Köche, brauchen gar nicht mehr viel zu essen, wir hatten ja schon vorher alle Informationen für die Sinne, die Augen, die Ohren, die Nase, den Mund, die Hand und für den sechsten, den wichtigsten, das Gefühl, die Intuition. Und später, rechtschaffen müde, nehmen wir die Gerüche mit ins Bett und in den Schlaf.

Gibt es etwas Schöneres, als mit Freunden in fröhlicher Runde ein sorgfältig zubereitetes Mahl zu genießen?

Das richtige Werkzeug

Das schönste Buch über die Küche zum Kochen hat Otl Aicher (»Die Küche zum Kochen«) geschrieben. Er hat die Küche als Werkstatt beschrieben, als Mittelpunkt des Hauses und des häuslichen Lebens, als Treffpunkt für gemeinsames Tun und als Ort des Dialoges der Familie und der Freunde.

An Technik gehört wenig dazu: ein Herd, ein Backofen (und bestimmt keine Mikrowelle), ein großer, zentraler Arbeitstisch zum Schneiden, Putzen, Teilen, Schaben, Zerkleinern, Hacken und Schälen sowie Töpfe, Pfannen, Gewürze und einige wenige Küchengeräte. Wir haben nur eine Küchenmaschine: eine Universalschneide- und Mixmaschine. Mehr brauchen wir nicht, alles andere geht schneller von Hand: mit Messern, Kochlöffeln, Stampfern, Schneebesen, Sieben, Mörsern und Reiben.

Gute Messer

Auf einer Magnetschiene aufgereiht hängen in meiner Küche die verschiedenen Messer, immer mit dem Griff nach unten. In meiner Küche finden sich:

Gute Messer sind in der Küche unersetzlich. Sie sollten eine große Auswahl für die verschiedenen Schneidetätigkeiten parat haben.

- ein kurzes, starkes Messer zum Beschneiden (Parieren) des Fleisches und zum Auslösen der Knochen (26 cm),
- ein Messer mit breiter, runder Klinge, wie ein Wiegemesser, zum Schneiden von Kräutern und zum Zerkleinern von Zwiebeln, Knoblauch, Speck (30 cm),
- ein langes, schlankes Messer zum Tranchieren des Bratens und zum Schneiden von dünnen Schinken- und Salamischeiben (40 cm),
- ein Brotmesser ohne Wellenschliff, damit die Brotscheiben dünn und glatt geschnitten werden können (32 cm),
- ein Kartoffelschälmesser (17 cm),
- ein dünnes, feines Messer, das leicht durch die Leberwurst hindurchgleitet (23 cm),
- ein Messer mit flexibler Klinge zum Enthäuten von Fischen (34 cm)
- und natürlich handliche, scharfe Steakmesser (28 cm), die wie von selbst durch das Fleisch gleiten, als wenn »es« schneidet und nicht die kraftvolle Hand des Beefeaters. Das schönste Steak wird durch ein stumpfes Besteckmesser zerstört.

Die Kunst, ein gutes Messer scharf zu halten

Scharfe Messer sind die wichtigsten Werkzeuge in der Küche, wichtiger als die meisten elektrischen Küchenmaschinen. Ohne scharfe Messer ist Schneiden, Tranchieren und Parieren eine Quälerei. Ein Messer ist so empfindlich wie eine Bogensaite. Die Schneide darf niemals gegen Metall oder harte Gegenstände stoßen. Messer gehören außerdem nicht in die Geschirrspülmaschine, sondern sollten von Hand gespült werden. Behandeln Sie sie wie rohe Eier: Bewahren Sie sie an einer Magnetleiste oder in einem Holzblock auf.

Ein scharfes Messer kann mit dem Wetzstahl scharf gehalten werden. Durch sanftes Streichen richtet die magnetische Wirkung des Stahles die Schneide wieder auf – »abziehen« sagt der Fachmann dazu. Der Stahl ist kein Schleifstein, kann also ein stumpfes Messer nicht schärfen. Ein stumpfes Messer muss auf dem Stein geschliffen werden. Jedes Haushaltswarengeschäft hat eine Auswahl davon. Wetzsteine sind auf einer Seite grob, auf der anderen fein. Der bekannteste ist der Arkansas-Speckstein. Es gibt inzwischen auch »high sophisticated«-Geräte mit Haltevorrichtungen etc. Mich überzeugen sie nicht.

Zuerst wird das Messer mit kreisenden Bewegungen, festem Druck und viel Geduld über die raue Seite des nassen Steines geschliffen. Dabei muss ein bestimmter Winkel eingehalten werden. Je flacher, desto feiner wird die Schneide, aber desto empfindlicher ist sie auch. Danach das Messer beidseitig auf der feinen Seite des Steines im gleichen Winkel schleifen. Das Messer ist dann scharf, wenn man die nassen Härchen auf dem Arm abrasieren kann oder wenn die Schneide sanft über den Daumennagel gleitet, ohne dass man Zacken spürt.

Auch Messer brauchen Pflege. Damit sie ihre Schärfe behalten, sollten sie von Zeit zu Zeit geschliffen werden.

Ein stumpfes Messer ruiniert jedes Stück Fleisch, jede Wurst und jeden Schinken. Mit einem scharfen, gepflegten Messer in langen Zügen dünne Scheiben elegant zu schneiden ist eine Freude und ein Genuss.

Zum höfischen Zeremoniell im Mittelalter gehörte der Hofrat, der vor den Augen der ritterlichen Tafelrunde bei offiziellen Anlässen den Braten schnitt oder das Geflügel tranchierte. Machte er daraus eine übertriebene Zeremonie, nannten kritische Zungen ihn einen Aufschneider.

Wie mit dem Fleischthermometer gearbeitet wird

Ob der Braten gar ist, lässt sich am sichersten mit dem Fleischthermometer prüfen. Das Innere des Fleisches sollte rosa sein.

Ein Fleischthermometer ist – nach dem Messer – für mich das zweitwichtigste Gerät in der Küche. Angaben von Ofentemperatur und Garzeiten in Kochbüchern können nur Richtwerte sein, da die Anfangstemperatur des Fleisches je nach vorheriger Lagerung – tiefgekühlt und aufgetaucht oder mit Kühlschranktemperatur – unterschiedlich sein kann. Auch kann die Backofentemperatur variieren, je nach Alter und Art des Geräts.

Um ganz sicher zu sein, dass der Braten gar ist, ist ein Fleischthermometer hilfreich. Das Thermometer wird an der dicksten Stelle des Fleischstückes so eingestochen, dass die Spitze – der Fühler – genau das Zentrum erreicht, ohne dabei einen Knochen zu berühren. Beim Steak empfiehlt es sich, seitlich hineinzustechen, um genau die Mitte zu treffen. Das Fleischthermometer im Fleisch lassen und ablesen, ob die gewünschte Temperatur erreicht ist. Vorsicht: Das Thermometer könnte heiß werden!

Wenn das Steak oder der Braten rosa – rare (engl.), saignant (franz.) – zubereitet werden soll, liegt die optimale Kerntemperatur bei 48 °C oder leicht darüber. Das Ei-

weiß im Fleisch ist dann koaguliert, also verfestigt, und schnittfest, es ist nicht mehr roh. Rosa Fleischsaft – und nicht Blut, wie oft irrtümlich angenommen wird – tritt aus und zeigt sich auf der Oberfläche. Nur so entfaltet Fleisch seine besten geschmacklichen Eigenschaften, es ist saftig und zart. Bei einer Kerntemperatur von circa 55 °C oder wenig höher ist das Fleisch medium (engl.) beziehungsweise à point (franz.). Schweinekotelett, -schnitzel oder -braten sollten nicht mehr als etwas über 60 °C haben. Auch Schweinefleisch schmeckt leicht rosa viel besser und ist viel saftiger.

Töpfe, Pfannen & Reinen

Bei Töpfen und Pfannen gibt es inzwischen eine verwirrende Vielfalt an Materialien, Materialkombinationen und Formen. Ich bevorzuge emaillierte Töpfe, Kasserollen und Stieltöpfe in den klassischen Formen. Kasserollen sollen aus Gusseisen sein und außen emailliert, Reinen ebenfalls aus Gusseisen. Bei den Pfannen liebe ich die von Hand geschmiedeten, die nie gespült werden und nie einen Tropfen Wasser sehen dürfen, gleichwohl sorgfältig gepflegt, gefettet und nur mit Küchenpapier ausgewischt werden müssen. Dunkles Fleisch zum Schmoren gehört in dunkle Kasserollen oder Reinen. Helles Fleisch und Geflügel sollte man in schönen Kupferreinen braten.

Über die wahre Frische von Lebens-Mitteln

Wirklich frische Lebens-Mittel haben keine langen Transportwege hinter sich und werden auch nicht unnötig lange zwischengelagert. Frische ist ein flüchtiger Hauch. Sie und mit ihr der volle Wohlgeschmack entschwinden manchmal in wenigen Stunden. Für viele Lebens-Mittel, und besonders für frisch geschnittene Würste und Schinken, gilt: heute kaufen, spätestens morgen essen. Wie aber soll der Verbraucher das im täglichen Leben umsetzen? Wir haben gelernt, einmal in der Woche zum Supermarkt zu fahren, Lebens-Mittel aus aller Welt schön verpackt einzukaufen und im Kühlschrank zu Hause zu lagern. Schön praktisch! Aber wo bleibt die Frische? Als Werbeslogan auf dem Etikett!

Vielleicht ist eine Antwort der gute alte Tante-Emma-Laden in der Nachbarschaft, wenn es ihn noch gibt, wo man wieder täglich seine Lebens-Mittel frisch aufgeschnitten einkaufen kann, schnell nach Hause trägt und sich dann langsam und genüsslich einverleibt, mit Freude an ehrlicher Frische und gutem Geschmack.

Tipps zum richtigen Einfrieren

Wer diese Möglichkeit nicht hat, sollte die frisch gekauften Lebens-Mittel zu Hause für kurze Zeit in den »Tiefschlaf« legen. Lassen Sie Steaks oder Schnitzel einzeln auf kleinen Blechen anfrieren und verpacken Sie sie dann in größere Beutel. So frieren sie nicht aneinander fest, und Sie können jederzeit so viele Stücke entnehmen, wie Sie brauchen. Bei Wurst oder Schinken, egal ob getrocknet, geräuchert oder gekocht, empfiehlt es sich, Scheiben in der gewünschten Sortierung und Menge so dünn wie möglich zu fächern. Die wie Dachziegeln liegenden Scheiben werden in Frischhaltefolie eingeschlagen. Die Luft vorsichtig ausstreichen. So können Sie den Inhalt erkennen, ohne dass er umständlich beschriftet werden muss. Die dünnen Päckchen sind in kürzester Zeit eingefroren und wieder aufgetaut. Sie dürfen dabei aber nicht übereinander liegen, sodass die Kälte schnell hinein und wieder hinaus kann. Entscheiden Sie morgens 15 Minuten vor dem Frühstück, welchen Aufschnitt Sie essen wollen. Entfernen Sie die Folie erst, wenn die Scheiben aufgetaut sind. Das Kondenswasser bleibt auf der Folie haften und der Aufschnitt trocken.

Sie werden den Unterschied – ob tiefgekühlt oder frisch – kaum bemerken und haben, wann immer Sie wollen, frischen Aufschnitt mit vollem Aroma aus dem »Tiefschlaf«. Das macht wenig Arbeit und kostet so gut wie nichts. Ebenso können Sie auch mit anderen Lebens-Mitteln wie Würstchen verfahren: Sie werden einzeln tiefgefroren und dann lose im Beutel gelagert. Sie können sie unaufgetaut in den Topf oder in die Pfanne legen und ganz langsam erwärmen oder braten. Leber- und Streichwürste werden in Portionsstücken eingefroren, sodass sie für eine Mahlzeit ausreichen.

Selbst gemachte Saucen, Suppen und vor allem Fonds können wunderbar in den Tiefschlaf gelegt werden. Werden sie in größeren Mengen gekocht, hilft Ihnen das, Zeit zu sparen. Gleiches gilt für Gemüse und fertig zubereitete Speisen, besonders für Eintöpfe, Aufläufe oder Schmorgerichte.

Um jederzeit auf frische Lebens-Mittel zurückgreifen zu können, sollten Sie sie einfrieren. Nicht nur Fleisch, auch Wurst, Suppen, Saucen oder Eintöpfe können ganz einfach in den »Tiefschlaf« gelegt und wieder hervorgeholt werden.

Die wichtigsten Grundregeln

Der eigenen Fantasie in punkto Bevorratung sind keine Grenzen gesetzt. Die Grundregeln noch einmal in Kürze:

1. In familiengerechten Portionen einfrieren. Die aufgetaute Portion sollte auf einmal verzehrt werden.
2. Je flacher die Portionen, desto schneller das Einfrieren und desto besser die Qualität. Als Faustregel gilt: Die Kälte wandert einen Zentimeter in der Stunde in die Lebensmittel hinein und auch wieder hinaus.
3. Tiefgekühltes nur kurz lagern. Das gilt besonders für Lebens-Mittel, die viel Fett enthalten. Nach circa drei Monaten beginnt sich das Fett zu verändern und ranzig zu werden. Ich lasse Aufschnitt zum Beispiel nur 14 Tage im Tiefschlaf.

So genutzt erhält die Tiefkühlung einen ganz neuen Stellenwert im Haushalt und wird nicht nur für die Langzeitbevorratung von großen Portionen genutzt. Auf diese Weise haben Sie jederzeit frische, wohlschmeckende Lebens-Mittel in kleinen, haushaltsgerechten Portionen zur Hand.

Gewürze, Kräuter und Salz

Die Gewürze sind in meiner Küche als ganze Körner, Wurzeln, Nüsse, Blüten oder Blätter in durchsichtigen Gläsern in einem Regal aufgereiht und auf einen Blick sichtbar. Körner, Blüten und Blätter werden in einem Mörser zerstoßen, Nüsse und Wurzeln auf einer praktischen kleinen italienischen Reibe gerieben. Mit der Reibe kann man auch Knoblauch, frischen Ingwer und anderes in dünne Scheibchen schneiden. Ganz wichtig: Wir verwenden grobes Meersalz in der Küche und »Fleur de Sel« zum Nachsalzen auf dem Tisch. Wenige Körnchen auf der Fleischscheibe erhöhen den Wohlgeschmack ganz beträchtlich. Speisesalz kommt in der Natur als Meersalz vor, es wird aus Meerwasser gewonnen, und als Steinsalz, das als Mineralkristall in uralten Gesteinsschichten abgebaut wird. Die Zusammensetzung ist gleich: Zu einem ganz wesentlichen Teil besteht Salz aus Natriumchlorid (NaCl). Aber im natürlich zusammengesetzten Salz sind in geringen Mengen über 80 Spurenelemente vorhanden – in der gleichen Menge und Zusammensetzung wie im menschlichen Blut –, die ganz offensichtlich lebensnotwendig sind, wie moderne Untersuchungen zeigen. In raffinierten Speisesalzen sind diese Spurenelemente weitgehend entfernt, weil jedes einzelne für sich verkauft mehr Geld bringt. Modernes Speisesalz ist also eigentlich »kastriertes« Salz, auf die chemische Formel NaCl reduziert und seiner lebenspendenden Eigenschaften beraubt. Verwenden Sie also echtes Meersalz (z. B. aus der Guérande) oder echtes Steinsalz (aus Berchtesgaden, dem Himalaja oder anderswoher). Besonders gut ist »Fleur de Sel«, die Blume des Salzes aus sauberen Meeren.

Zur guten Küche gehören auch verschiedene Öle: Olivenöl (extra vergine), Rapsöl, das besonders reich an Omega-3-Fettsäuren ist, Kürbiskernöl, Haselnussöl sowie Sonnenblumenöl – alles kaltgepresst und ökologisch angebaut –, dazu einige Sorten Essig (z. B. Balsamico). Zum Kochen und Braten verwenden wir Rinderfett für Rindersteaks oder -braten, Schweineschmalz zu Schweinsbraten, Kotelett und Schnitzeln oder das gute Butterschmalz, das wir aus frischer Butter selbst machen. Die Butter

wird auf kleiner Flamme so lange erhitzt, bis sie »still« wird und kein Eiweißschaum mehr entsteht. Die Butter abseihen und erstarren lassen. Butterschmalz ist lange haltbar, wird nicht ranzig und kann – im Gegensatz zur Butter – richtig heiß werden.

Über »gute« und über »schlechte« Fette

Ich widme dem Thema Fette besondere Aufmerksamkeit, weil es extrem unterschiedliche Meinungen unter den so genannten Fachleuten gibt und sehr viel falsches Wissen verbreitet wird, das sich in den Köpfen festgesetzt hat.

Mehr als dreißig Jahre lang galten tierische Fette als ungesund und dick machend, pflanzliche Fette hingegen als gesund. Dahinter standen massive wirtschaftliche Interessen, mehr Margarine und pflanzliche Öle zu verkaufen. Die Strategie war ganz einfach: tierische Fette einschließlich der guten Butter abzuwerten, um dadurch vor allem Margarine aufzuwerten. Ärzte wurden mit Gutachten überschwemmt und gaben die »wissenschaftlichen« Erkenntnisse an ihre Patienten weiter, gutgläubig. Ich halte die Lehren und Empfehlungen der Ernährungswissenschaft in den letzten Jahrzehnten für einige der größten und fatalsten wissenschaftlichen Irrtümer der Neuzeit: Auch heute noch heißen die Grundregeln u. a.:

– low fat, no fat; keine tierischen Fette,
– möglichst wenig Fleisch essen,
– viele Kohlenhydrate wie Kartoffeln, Brot, Nudeln essen …

Aber auch die Wissenschaft kann irren; sie ist dabei, falsches Wissen zu korrigieren. Diesen Irrtum kann man jeden Tag auf unseren Straßen sehen: Es gibt immer mehr dicke, unförmige Menschen. Fatal ist das bei Kindern und Jugendlichen, denn aus Fettleibigkeit entstehen Krankheiten, die das ganze Leben verändern und kaum mehr reparabel sind. Besonders schlimm ist es, wenn Fünfzehnjährige bereits Altersdiabetes Typ II bekommen. Und dann helfen auch keine Vitamin- und Enzympräparate mehr und kein »functional food«.

Ich unterscheide aufgrund meiner Kenntnisse und Erfahrungen zwischen »guten«, d.h. naturbelassenen, wenig behandelten Fetten und »schlechten«, d.h. technisch intensiv veränderten Fetten, gleichgültig, ob sie von Tieren oder Pflanzen stammen. Es gilt ein wichtiges Grundgesetz der Ernährung: je natürlicher, desto besser; je frischer, desto besser. Immer mehr ernst zu nehmende Ernährungsfachleute und Mediziner denken ebenso.

Zur ersten Gruppe gehören die nativen, in ihrer natürlichen Struktur belassenen Fette, also die kaltgepressten Öle, die gute Butter und die frisch ausgelassenen Fette vom Rind, Schwein und Kalb; immer vorausgesetzt, dass die Tiere anständig gelebt und gutes Futter gefressen haben.

Zur zweiten Gruppe gehören die Fette, vor allem Margarine, die in technisch aufwändigen Verfahren gebleicht und unter hohem Druck erhitzt und gehärtet werden. Sie sind dann in ihrer Struktur so verändert, dass sie mit der ursprünglichen Pflanze nur noch den Namen gemeinsam haben. Die fettbegleitenden Stoffe, die in naturbelassenen Fetten noch in von der Natur angelegter Struktur und Zusammensetzung vorhanden sind, verschwinden durch die intensiven technischen Verfahren. Ein weiterer Nachteil ist, lange Zeit unbeachtet, dass dabei Fettsäuren mit einer in der Natur kaum vorkommenden Struktur entstehen – die so genannten Transfettsäuren – die größeren Untersuchungen zufolge zu einer Erhöhung des Cholesterinspiegels führen und der Arteriosklerose Vorschub leisten können.

> Margarine wird erhitzt, gebleicht und gehärtet. Dabei entstehen Transfettsäuren, die zu einer Erhöhung des Cholesterinspiegels führen und Arteriosklerose bewirken können.

Gesättigte und ungesättigte Fettsäuren

Tierische und pflanzliche Fette enthalten beide gesättigte und ungesättigte Fettsäuren und sind sich insofern ähnlich. Auch tierische Fette haben in der Regel einen Anteil von mehr als 50 % an einfach und mehrfach ungesättigten Fettsäuren, der umso höher liegt, je natürlicher das Futter der Tiere war und je besser die Tiere gehalten wurden, nämlich mit viel Bewegung in frischer Luft und Sonnenlicht. Das gilt vor allem für die Wiederkäuer Rind, Schaf und Ziege, die auf Bergwiesen oder saftigen Weiden gelebt haben. Das gilt aber auch für Schweine und Geflügel. Wir beginnen erst langsam, eine Binsenweisheit wieder ernst zu nehmen: Je besser, natürlicher und vielseitiger das Futter, desto besser ist die Qualität des Fettes im Fleisch und in der Milch von diesen Tieren. Das Fett im Fleisch und in der Milch von Kühen, die auf der Weide eine große Vielfalt von Gräsern und Kräutern gefressen haben, ist reich an ungesättigten Fettsäuren. Der Anteil der erwünschten Omega-3-Fettsäuren steigt deutlich an, eine Fettsäure, die der Körper nicht selbst bereitstellen kann und die man eigentlich nur in Kaltwasserfischen erwartet. Das Verhältnis von Omega-3- zu Omega-6-Fettsäuren ist ausgewogen.

Gesundes Futter – gesunde Tiere

Tiere, die gefressen haben, was ihren natürlichen Bedürfnissen entspricht, enthalten dann eine besondere ungesättigte Fettsäure, die konjugierte Linolsäure, der positive Wirkungen zugeschrieben werden: Sie soll krebshemmend und gegen Arteriosklerose wirksam sein. Das alles erscheint mir logisch, wenn ich im Vergleich dazu die Kühe betrachte, die Tag für Tag im Stall stehen und Silage fressen, die aus intensiv gespritztem Mais besteht, der wiederum Jahr für Jahr auf dem gleichen Feld angebaut wird. Die unter Umständen sogar noch Soja aus fernen Ländern zu fressen bekommen, das vielleicht gentechnisch manipuliert wurde. Das bestätigt nur, was wir eigentlich immer schon gewusst haben: »Jedes Lebewesen ist, was es frisst.« Was für Menschen gilt, gilt auch für Tiere.

Die Enzyme in den Fetten, die Lipasen, sind für einen ordentlichen Fettstoffwechsel unbedingt notwendig. Sie sind aber nur in unerhitzten Fetten voll wirksam. Deshalb sollten kaltgepresste Öle, vor allem das wertvolle Olivenöl, nicht zum Braten verwendet werden. Sie »denaturieren« bei Hitze und verlieren ihren Wert. Olivenöl gibt man auf die fertigen Speisen, auf Fisch (mit Zitrone und Petersilie), auf das Steak oder den Braten, auf bissfest gekochtes Gemüse sowie Salat. Der Speck am rohen Schinken und in der Salami ist deshalb so wertvoll, weil er nicht erhitzt worden ist. Die Enzyme in den naturbelassenen Fetten helfen, die veränderten, erhitzten oder gar toten Fette, die überall in den Speisen vorhanden sind, zu verdauen.

Mein Anliegen als alter erfahrener Metzgermeister – der die Diskriminierung der tierischen Fette hautnah und hilflos miterlebt hat – ist es, diese zu rehabilitieren, egal ob als feine Fettäderchen-Marmorierung im Fleisch oder als Fett zum Kochen und Braten. Ich tue das mit gutem Gewissen, vor allem, wenn ich weiß, dass die Tiere gutes, natürliches Futter bekommen haben und weitgehend natürlich aufgewachsen sind. Sicher sein kann man da nur bei Tieren aus dem ökologischen Landbau, und wenn die wertvollen Fette von solchen Tieren ganz frisch und ganz schonend ausgebraten werden, ohne lange Lagerung und Transporte, sind sie besonders wertvoll. Was ist also einleuchtender, als Schweinefleisch in Schweineschmalz zu braten, Rindfleisch in Rinderfett und Kalbfleisch in Kalbsfett? Rinderfett ist hocharomatisch und überträgt seinen guten Eigengeschmack beim Anbraten auf das Steak oder den Braten. Das klassische Rezept für das berühmte Wiener Schnitzel lautet: In gutem Kalbsfett oder Schweineschmalz schwimmend ausgebacken. Große Köche lieben zum Fleischbraten das feine Kalbsfett mit seinem ganz milden, der Butter verwandten Geschmack.

Es gibt nichts Besseres, als gutes Fett von gesunden Tieren zum Braten zu verwenden: Rindfleisch in Rinderfett braten, Wiener Schnitzel in Kalbsfett, Schweinefleisch in Schweineschmalz.

Fett zum Braten selbst machen

Ganz einfach und besonders preiswert können Sie Ihre Fette selbst machen. Das geht ganz schnell: Kaufen Sie beim Metzger guten, weißen und kernigen Speck, frisch und unbehandelt, nicht gesalzen und nicht geräuchert. Bitten Sie den Metzger, Ihnen feste, kernige Stücke Rinderfett – weiß oder gelb – auszusuchen, die nicht von Sehnen und Häuten durchzogen sind. Wahrscheinlich ist er froh, jemanden zu finden, der sich überhaupt dafür interessiert, und er wird großen Respekt vor Ihnen als Koch und Kenner haben. Vermutlich würde er das Fett sonst wegwerfen, da es fast nichts mehr wert ist. Gleiches gilt für das Kalbsfett. Es wird heute kaum noch in der Küche verwendet.

Bitten Sie den Metzger, die genannten Fette durch den Fleischwolf zu geben. In der Pfanne wird das jeweilige Fett bei mittlerer Hitze geschmolzen. Die gerösteten,

Wenn Sie das Kochen mal anderen überlassen wollen, überzeugen Sie sich von der Qualität der Zutaten bei einem Besuch im Herrmannsdorfer Restaurant »Schweinsbräu«.

bräunlichen »Grieben« schmecken herrlich mit Salz und Brot. Und Sie haben das gute Gewissen, etwas Wertvolles vom Tier genutzt und nicht zum achtlosen Wegwerfen beigetragen zu haben. Das bedeutet Respekt vor der Würde der Kreatur im praktischen Leben zu zeigen.

Die Fette können im Kühlschrank etwa einen Monat gut gelagert werden, ohne sich geschmacklich zu verändern. Wenn Sie alle paar Wochen neues Fett auslassen, haben Sie immer einen Vorrat an ganz natürlichen, hochwertigen und preiswerten Fetten. Das ist nicht nur einfach, Sie können auch sinnvoll Geld sparen. So können Sie mit guten Fetten einen ganz entscheidenden Beitrag leisten für gute und wohlschmeckende Speisen. Verbannen Sie Industriefett und Margarine aus Ihrer Küche. Sparsame Haushaltsführung war früher der Stolz der guten Hausfrau, heute ist es ein Gebot der Achtsamkeit gegenüber Lebens-Mitteln.

Selbst gemachte Fette sind im Kühlschrank einen Monat lang haltbar und können jederzeit neu hergestellt werden. Verzichten Sie auf Margarine und industriell hergestellte Fette.

ANLEITUNGEN
UND REZEPTE

Aus Italien: Carpaccio

Carpaccio ist eine wunderbare Speise an heißen Sommertagen. Da Sie zu Hause die dünnen Scheiben schwer selbst schneiden können, bitten Sie Ihren Metzger, das für Sie zu tun, und zwar gleich in größerer Anzahl, die Sie dann in den »Tiefschlaf« legen. In Herrmannsdorf wird das so gemacht: Die ausgesuchten, gut abgehangenen Fleischstücke von Fleischrindern werden sorgfältig von Sehnen und Außenfett befreit, kurz angefrostet, dünn geschnitten und dachziegelartig im Kreis auf einem Teller angeordnet. Sie können auch statt des Tellers ein Blatt Pergamentpapier verwenden. Die Portionen von etwa 100 g mit einem Blatt Pergamentpapier abdecken, sodass dünne Kuverts entstehen. Diese dünnen »Kuvertl« werden sofort einzeln eingefroren. In der Schnelligkeit liegt das Geheimnis, damit beim späteren Auftauen die Scheiben so frisch und kirschrot sind, als wenn sie gerade vom Metzger geschnitten wären. Das Carpaccio darf nur wenige Wochen im Tiefschlaf bleiben, sonst beginnen die Scheibchen auszutrocknen. Es entsteht Gefrierbrand und die Frische wäre dahin.

Wann immer Sie Lust haben, entnehmen Sie Ihrem Tiefkühlgerät so viele Portionen, wie Sie wollen. Mitsamt dem Papier einzeln etwa 20 bis 30 Minuten im Kühlschrank auftauen (das geht genauso schnell wie das Einfrieren). Das Papier nicht entfernen, damit die beim Auftauen entstehende Feuchtigkeit sich darauf niederschlägt und nicht auf dem Fleisch. Jetzt lässt sich das obere Papier leicht abziehen. Und nun »upside down«, das heißt mit der Fleischseite nach unten, auf den Teller legen und das zweite Papier erst unmittelbar vor dem Servieren abziehen. Das Carpaccio bis zum Verzehr im Kühlschrank aufbewahren.

Typisch italienisch: Ein Maler stand Pate für dieses leichte Sommergericht. Für Carpaccio (sprich: Karpattscho) sollte nur bestes Rindfleisch verwendet werden.

Die Saucen

Die einfachste Version ist die mit Pfeffer, Salz und Öl. Fein gehackte Kapern schmecken gut dazu. Oder: frische Kräuter der Saison, zum Beispiel Thymian, Majoran, Basilikum, Bohnenkraut, Schnittlauch, Petersilie, dazu roter oder grüner Pfeffer. Alles fein gehackt in Öl anrühren, mit etwas Knoblauch – wenn Sie mögen. Ihrer Fantasie sind keine Grenzen gesetzt.

Italienische Art: Klassisch mit Olivenöl extra vergine (kaltgepresst) mit dünn geraspeltem oder geriebenem Parmesan und/oder fein geschnittenen Champignons. Wer experimentierfreudig ist, sollte auch einmal Kürbiskernöl probieren.

Sie können die Fleischscheiben auch mit einer Sauce Béarnaise dünn bestreichen. So wird sie gemacht: Warme Butter in warmes Eigelb einrühren, bis die Sauce glatt ist; dazu einige Spritzer Zitronensaft, frische Kräuter der Saison, Pfeffer und Salz. Oder (als Krönung): das Carpaccio mit Sauce Béarnaise bestreichen, ganz kurz unter dem Backofengrill erwärmen, bis die Oberfläche anfängt braun zu werden.

Straccetti

Straccetti sind dünne Fleischscheiben, die kurz gebraten, gesalzen und gepfeffert und mit Rucola bedeckt werden. Ein guter Metzger bereitet die dünn geschnittenen Fleischscheibchen so elegant vor, dass Sie schnell und ohne großen Aufwand jederzeit dieses köstliche italienische Gericht auf den Tisch bringen können. Es sind dieselben Fleischteile, die sich auch für das japanische Shabu Shabu eignen (siehe unten). Die gut abgehangenen Stücke von Roastbeef, Hüfte und anderen Kurzbratstücken werden sorgfältig von Fett und Sehnen befreit und mit der Aufschnittmaschine in etwa drei bis vier Millimeter dünne Scheiben geschnitten.

Olivenöl in einer schweren Pfanne auf mittlere Temperatur bringen. Die Fleischscheibchen werden darin eher gewärmt als gebraten. Das geht minutenschnell. Etwas zu lange, und das Fleisch wird zäh und verliert seinen köstlichen Geschmack. Damit das Fleisch nicht kalt wird, sofort auf einem vorgewärmten Teller anrichten, mit Pfeffer aus der Mühle und grobem Meersalz würzen. Mit in Streifen geschnittenen Rucolablättern bedecken. Darüber etwas Olivenöl sowie Balsamico geben und, wer mag, einige Spritzer Sojasauce. Geriebener Parmesan passt gut dazu.

Statt Rucola können Sie auch Feldsalat oder Radicchioblätter nehmen oder frittierte Petersilie. Sie ist eine delikate Beilage zu vielen Gerichten. So wird sie gemacht: Im Frittierfett einige ungeschälte Knoblauchzehen schwimmen lassen. Sie verhindern das leidige Spritzen. Die trockene Petersilie an ihren Strünken in das Fett eintauchen, ganz kurz frittieren, herausnehmen und auf Küchenpapier abtropfen lassen.

Aus Fernost: Shabu Shabu

Shabu Shabu ist eine leichte, schnell zubereitete japanische Köstlichkeit aus ganz kurz in heiße Brühe getauchtes Rindfleisch. Lassen Sie sich beim Metzger mit der Maschine gut marmoriertes Rindfleisch in millimeterdünne Scheiben schneiden, die etwa der Größe von zwei bis drei Fingern entsprechen. Geeignet sind Hüfte aus dem Hinterviertel, dicke Schulter, falsches Filet aus dem Vorderviertel, alles Stücke, die nicht so begehrt und deshalb preiswert sind. Wichtig ist nur, dass die Teile keine Sehnen enthalten, die äußere Fettschicht entfernt ist und das Fleisch eine schöne Fettäderchen-Marmorierung hat. Die Scheiben auf einer Platte oder einem Brett flach schichten und im Kühlschrank 30 Minuten dem kalten Sauerstoff aussetzen, damit sie kirschrot und appetitlich werden.

Auf einer Schale das Gemüse anrichten. Sorgfältig parierte Blätter vom Weißkohl gehören, wenn möglich, immer dazu. Kleine Frühlingszwiebeln und Lauch eignen sich ebenfalls vorzüglich sowie Möhren-, Sellerie- und Champignonscheiben. Eben alles, was gerade Saison hat. In der japanischen Küche fehlt nie der Shiitake-Baumpilz. Shiitake heißt wörtlich übersetzt: »Tausend-Jahre-langes-Leben-Pilz«. Der Name deutet darauf hin, dass die Japaner ihm lebensfördernde Wirkungen zuschreiben. Dazu empfehle ich eine oder zwei von diesen vier Saucen: Sojasauce mit Meerrettich, Sojasauce

Die Japaner lieben dünn geschnittenes Rindfleisch. Es wird ebenso wie das Gemüse nur ganz kurz in heißer Fleischbrühe gegart.

mit fein gehacktem frischem Dill, Sojasauce mit geröstetem Sesam, Sojasauce mit frisch geriebenem Ingwer. Mayonnaisen und andere gebundene Saucen sind nicht empfehlenswert, da sie den feinen Geschmack des Fleisches, des Gemüses und der Pilze zerstören würden.

Decken Sie die Tafel so, dass an jedem Gedeck die Saucen aufgereiht sind und die Schalen mit Fleisch und Gemüse jedem Gast leicht zugänglich sind. In der Mitte des Tisches steht ein großer Topf mit kochender Rindfleischbrühe, die während des Essens über Feuer und Flamme weiter simmern muss. In Japan benutzt man ein spezielles Gerät, das im Inneren mit glühender Holzkohle oder elektrisch beheizt wird. Es reicht aber auch ein Fonduetopf auf einer Spiritusflamme, die ausreichend Wärme spendet, oder ein Topf mit einer Heizplatte darunter. Die Fleischscheibchen mit einer Gabel oder mit Stäbchen ganz kurz in die köchelnde Brühe tauchen. Zehn bis zwanzig Sekunden genügen! Das Fleisch muss noch fast roh sein, damit es saftig bleibt und seinen Geschmack behält. Auch das Gemüse so kurz wie möglich erhitzen. Alles muss bissfest sein. Die Fleisch- oder Gemüsescheibchen in eine der Saucen tunken und genießen. Aus der konzentrierten Brühe entsteht eine köstliche Suppe. Sie wird zum Abschluss des Mahles gegessen.

Sukiyaki

In Japan ist die gemeinsame Garzeremonie am Tisch verbreitet. Sei es die Fondue ähnliche Art der Zubereitung im Topf oder in einer schweren Eisenpfanne. Immer darf sich jeder sein Essen selbst zubereiten.

Ebenfalls aus Japan kommt diese Spezialität: Lassen Sie sich beim Metzger kleine Steaks schneiden, die zwei bis drei Millimeter dünn und so groß wie eine Handfläche sind. Da sie so klein sind, lassen sich auch andere als die klassischen Teile verwenden, z. B. aus der Kugel oder Hüfte, der dicken Schulter, dem falschen Filet sowie viele andere flache Stücke. Die Sehnen und äußeren Fettschichten müssen entfernt werden. Die kleinen Steaks werden auf einer Platte oder einem Brett angerichtet. 30 Minuten im Kühlschrank ruhen lassen, um die Farbe entstehen zu lassen.

Inmitten des gedeckten Tisches steht eine große Eisenpfanne, die am besten mit einer Heizplatte heiß gehalten wird. Jeder Teilnehmer der Tafelrunde brät sich sein Fleisch selbst. Nur wenig Fett in die Pfanne geben und die ungesalzenen Steaks je nach Hitze ganz kurz braten. Eine halbe bis ganze Minute pro Seite genügt. Das Fleisch muss innen rosa sein, dann ist es saftig. Als Gemüse eignen sich Zwiebeln, Pilze, Lauch, Sellerie, Weißkohl, alles klein geschnitten. Die vorbereiteten Streifen und Scheibchen werden, wie das Fleisch, ganz kurz geröstet. Schälchen mit fantasiereichen Saucen zum Eintauchen von Fleisch und Gemüse stehen bereit. Die Basis ist immer Sojasauce, die in Japan das Salz ersetzt. Dazu kommen Meerrettich, Ingwer oder ein Schuss Essig.

Geschmorte Rindfleischwürfel in Rotwein (französisch: Daube)

Was Gulasch für den Balkan (der ja bekanntlich in Wien beginnt) ist, ist die Daube für die Franzosen. Paprika wird, wie könnte es anders sein, durch viel roten Wein ersetzt. Das Rindfleisch muss richtig gewählt sein. Ganz magere Stücke ohne Fett – wie es Gesundheitsapostel empfehlen würden – sind denkbar ungeeignet. Sie wären trocken und geschmacklos (vollkommen mageres Rindfleisch sollte man als Tatar angemacht roh essen). Kaufen Sie Stücke, die von kleinen Sehnen durchwachsen sind, z. B. von der Haxe und anderen Stücken des Vorderviertels, je mehr marmoriert, desto besser. Schneiden Sie die Stücke in möglichst gleichmäßige Würfel mit einer Kantenlänge von 3 bis 4 cm – damit man später sieht, was man isst.

Im Gegensatz zum Gulasch wird bei der Daube auf Paprika verzichtet. Dafür gehört aber – wie sollte es anders sein – viel guter französischer Wein hinein sowie verschiedene Kräuter.

Die Marinade spielt die Musik bei der Daube. Nehmen Sie viel guten französischen Rotwein, dazu Wacholderbeeren, Lorbeerblätter, Thymian, Rosmarin, grobes Meersalz, das man ohnehin immer im Haus haben sollte, zerstoßenen Pfeffer, Knoblauch, etwas Zucker und ganz wenig Balsamico-Essig. Die Schale einer Apfelsine gehört ebenfalls hinein. Im ländlichen »alten« Frankreich wurde auch frisches Blut verwendet. Das machte die Sauce sämig und gab ihr eine schöne rote Farbe. In dieser deftigen und kräftigen Marinade werden die Fleischwürfel ca. 24 Stunden bei Zimmertemperatur mariniert.

Was beim Abhängen des Fleisches im Kühlraum langsam geschieht, nämlich die Lockerung des Zellgewebes durch die fleischeigenen Enzyme, läuft bei Zimmertemperatur schnell wie eine Kettenreaktion ab. Das Fleisch wird zart. Die Geschmacks- und Aromastoffe der Marinade dringen schneller in das Fleischinnere. Die Fleischwürfel müssen ganz von der Flüssigkeit bedeckt sein. Vor dem Braten wird die Marinade abgeseiht (durch ein Sieb gegeben). Nehmen Sie eine schwere, am besten gusseiserne Kasserolle und braten Sie das Fleisch in Rinderfett (oder ersatzweise Butterschmalz) ringsum knusprig braun, geben Sie viele geviertelte Zwiebeln hinzu und lassen Sie diese goldgelb und glasig werden. Dann kommt Tomatenmark dazu und schließlich die Marinade. Zugedeckt bei mittlerer Hitze im Ofen garen. In der geschlossenen Kasserolle schmort das Fleisch mit den Gewürz- und Gemüsearomen langsam gar. Wein bei Bedarf nachgießen.

Nun brauchen Sie zwei bis drei Stunden Geduld. Das Fleisch in der Sauce langsam schmoren lassen, bis es ganz weich und faserig und die Sauce sämig eingedickt ist. Fügen Sie ganz zum Schluss etwas Crème fraîche und fein gehackte Petersilie hinzu. Servieren Sie die Daube, wenn vorrätig, in braunen Tonschalen. Das unterstreicht die Rustikalität des Gerichtes. So wird dieses Gericht auch in mediterranen Ländern serviert. Sie können auch Möhren, Sellerie und Kartoffeln in Stücken mitschmoren lassen. Das sieht nicht nur farblich gut aus, sondern schmeckt auch gut. Besonders interessant ist eine Variante mit bunten Bohnen. Weiße, grüne und rote Bohnen statt des Gemüses lange gut einweichen und dann etwa eine Stunde mitschmoren lassen. Das Gericht salzen und pfeffern.

Zweierlei Rouladen

Die kurz gebratene Variante, wenn es schnell gehen soll

Lassen Sie sich dünne Scheiben von der gut abgehangenen Oberschale vom Rind abschneiden. Das »würdevoll gewachsene« Fleisch muss wirklich gut gereift sein, da es ja, ähnlich wie ein Steak, nur kurz und rosa gebraten werden soll. Zwiebeln in kleine Würfel schneiden und in gutem Rinderfett (oder ersatzweise Butterschmalz) dünsten, bis sie glasig braun sind. Fügen Sie Senfkörner, Olivenstreifen und Kapern hinzu und lassen Sie beides kurz weiterdünsten. Wenn Sie mögen, können Sie noch etwas Senf hinzufügen. Mit dieser Paste bestreichen Sie die Fleischscheiben und streuen dann fein gehackte Petersilie darüber. Die Fleischscheiben sorgfältig zusammenrollen und die Rouladen mit einem Bindfaden zusammenbinden. Man kann sie auch mit mehreren Zahnstochern zusammenstecken, das geht schneller und erleichtert später das Zerteilen des Fleisches auf dem Teller.

Die Rouladen langsam bei mittlerer Hitze von allen Seiten braten, bis sie außen rundherum braun sind. Die Pfanne vom Herd nehmen und die Rouladen ca. 30 Minuten im Backofen bei ca. 100 °C nachgaren lassen, damit die Wärme Zeit hat, ins Innere zu wandern.

Einmal kurz, einmal lang gebraten: Rouladen können auf unterschiedliche Art zubereitet werden. Wenn man viel Zeit hat, sollte man es so machen wie schon früher die Oma.

Die lang gebratene Variante – so wie Oma es machte

Eine Paste aus klein geschnittenen Zwiebeln, Oliven, kalt geräuchertem, durchwachsenem Speck und Essiggurken zubereiten und, anders als bei der kurz gebratenen Roulade, nicht dünsten. Mit dieser Paste bestreichen Sie die dünnen Fleischscheiben. Der Speck kann, statt in Würfel geschnitten, auch in dünnen Scheiben darauf gelegt werden. Statt Essiggurken können Sie auch Rosinen, Feigen und/oder Backpflaumen verwenden. Das ergibt dann eine eher süßliche Variante. Die Rouladen zusammenrollen, -binden oder -stecken, wie oben beschrieben. Die fertig vorbereiteten Rouladen müssen am gleichen Tag gebraten werden. Die rohen Zwiebeln würden sonst anfangen zu gären und den Geschmack verändern.

Nehmen Sie eine schwere, eiserne Kasserolle, braten Sie darin die Rouladen vorsichtig in gutem Rinderfett (oder ersatzweise Butterschmalz) an, bis sie rundherum braun sind. Fügen Sie klein geschnittene Möhren, Sellerie und Kartoffeln hinzu, etwas Rotwein, Bratenfond (wenn vorhanden) sowie einige schwarze Pfefferkörner und Wacholderbeeren. Zugedeckt in den vorgewärmten Backofen geben und 1 1/2 bis 2 Stunden ganz leicht schmoren lassen. Die Rouladen sollen ganz mürbe sein, sodass sie sich mit der Gabel zerteilen lassen. Gemüse, Rotwein und Fond mit den Gewürzen zu einer sämigen Sauce kochen.

Gedünsteter Ochsenschwanz

Ein wenig aus der Mode gekommen, aber für Genießer eine Delikatesse: Langsames Schmoren bei sanften Temperaturen macht den Ochsenschwanz zart und saftig.

Ein schöner, fetter Ochsenschwanz von einem gut ausgemästeten Tier – möglichst einem Ochsen, einer Färse oder einem nicht gar zu alten Rind – wird pariert, d. h. überschüssiges Fett und kollagene Häutchen werden sauber abgeschnitten. Sodann wird der Schwanz in den Gelenken zwischen den Bandscheiben durchtrennt. Das können Sie auch schon vom Metzger machen lassen.

Die drei bis vier Finger dicken Stücke werden in eine Kasserolle oder eine gusseiserne Reine gestellt, mit heißem gutem Rinderfett (oder ersatzweise Butterschmalz) übergossen und gewürzt. Ich nehme dazu frisch gemahlenen schwarzen Pfeffer, frisch geriebene Muskatnuss, ein Lorbeerblatt, einige Wacholderbeeren und zwei bis drei ungeschälte Knoblauchzehen sowie Thymian und Rosmarin. Die Kräuter sollten möglichst frisch sein, ansonsten getrocknete oder in Öl eingelegte verwenden. Die Fleischoberfläche im Backofen bei großer Hitze braun werden lassen und alles zusammen bei stark reduzierter Hitze etwa eine Stunde weiterbraten.

Die Kasserolle mit Wasser auffüllen, sodass das Fleisch bedeckt ist. In kleine Würfel geschnittene Kartoffeln und geviertelte Tomaten hinzufügen sowie gedünstete Zwiebeln. Etwa zwei Stunden langsam einkochen lassen, bis die gewünschte sämige Konsistenz erreicht ist. Die Ochsenschwanzstücke herausnehmen, etwas abkühlen lassen, damit man sich nicht die Finger verbrennt, und das Fleisch in möglichst großen Stücken vom Knochen lösen. Die Fleischstücke anrichten und mit der Sauce übergießen. Dazu frisch gebackenes Bauernbrot servieren. Sie können die Ochsenschwanzstücke auch in Brühe garen oder einen Schuss Wein dazugeben.

Gekochtes Rindfleisch

Gekochtes Rindfleisch braucht Zeit. Vielleicht ist es deshalb ein wenig aus der Mode gekommen. Die Kunst, Rindfleisch zu kochen, scheinen nicht mehr viele zu beherrschen oder sie wissen nicht mehr, wie gut es schmeckt und wie leicht und bekömmlich Gekochtes ist. Dabei schmeckt Kochfleisch, auch Siedfleisch genannt, einzigartig gut, wenn es richtig zubereitet wird. Eine Köstlichkeit, die sehr verschieden und abwechslungsreich ist, je nachdem, welchen Teil des Rindes man zubereitet. Im alten Wien gab es rund um den Stephansdom über hundert Wirtshäuser, in denen gekochtes Rindfleisch serviert wurde, jedes spezialisiert auf ein bestimmtes Stück vom Rind, mit so schönen Bezeichnungen wie Riedhüfel, Hieferscherzel, Hieferschwanzel, Schulterscherzel, fettes Meisel, hinteres Pratzel. Weltberühmt wurde der Tafelspitz des Hotels Sacher.

Die Fleischstücke müssen von einem gut ausgereiften Tier stammen. Am besten vom Ochsen oder einer jungen Färse (das ist ein weibliches Tier, bevor es zum ersten Mal gekalbt hat). Die gute Qualität ist an einer kräftig roten Fleischfarbe (helles Fleisch ist zu jung), einer feinen Fettmarmorierung und einer äußeren Fettauflage zu erkennen. Keine Angst vor dem Fett! Fett ist die sicherste Qualitätsgarantie, ohne Fett kein Geschmack, keine Zartheit des Fleisches und keine Saftigkeit. Wenn Sie Fett überhaupt nicht mögen, schneiden Sie es vor dem Essen weg. Aber Fett gibt den Geschmack und ist Garant für die Zartheit.

Die bevorzugten Stücke zum Kochen sind Tafelspitz (S. 56–57), Bürgermeisterstück (S. 56–57), Spinne oder Wade (S. 56–57), Schild oder flache Schulter (S. 56–57) und Brustspitz (S. 56–57); das klassische Suppenfleisch ist die flache Rippe (S. 56–57). Sehr gut zum Kochen eignet sich auch Zunge, die aber nicht jedermanns Geschmack ist. Sie muss gebrüht und dann enthäutet sein sowie gut pariert, d. h. von Fett und Drüsen befreit werden. Sie wird üblicherweise vom Metzger mit einer Pökellake gespritzt – aber ganz wenig, damit sie zwar schön rosa ist, aber nicht zu intensiv nach Pökelsalz schmeckt. Kalbszunge hingegen wird nicht gepökelt, das würde den zarten Geschmack erheblich zerstören. Markknochen zum Auskochen sollten rosarot sein und festes Mark enthalten.

In Österreich kennt und isst jedes Kind Tafelspitz. Aber auch andere Teilstücke vom Rind eignen sich wunderbar, um daraus eine köstliche Kraftbrühe zu kochen.

Die Kraftbrühe

Eine gute Kraftbrühe ist wichtig, weil sie erstens köstlich schmeckt, und zweitens, weil darin das Fleisch, das wir essen wollen, gegart wird. Verwenden Sie zum Kochen der Brühe die weniger schönen, dafür aber preiswerten Stücke: z. B. die äußere und innere Schicht von der flachen Rippe sowie sehniges Beinfleisch, die Beinscheibe und was der Metzger sonst noch an Geeignetem und Preiswertem zu bieten hat, z. B. Fleischknochen. Alles in kleine Stücke schneiden, damit sie ihre »Kraft« und ihren Geschmack an die Brühe abgeben können. Kaufen Sie frisches Gemüse der Saison – möglichst keine vorbereiteten Sträußchen, sondern alles einzeln: Sellerie, Lauch, Möhren, Zwiebeln, Petersilie, Petersilienwurzel und Liebstöckel, auch Maggikraut genannt, passen gut dazu. Das Gemüse putzen und in Streifen schneiden. Das klein geschnittene Fleisch übergießen Sie zunächst mit sprudelnd kochendem Wasser. Es gibt erfahrene Köche, die behaupten, das zöge gichtbildende Stoffe aus dem Rindfleisch.

Bringen Sie sodann die angebrühten Fleischstückchen in kaltem, leicht gesalzenem Wasser zum Kochen. Langsames Erwärmen entzieht ihnen alle wertvollen Bestandteile, und die Geschmacks- und Aromastoffe gehen in die Brühe über. Auf kleiner Flamme über viele Stunden weiterköcheln lassen; je länger, desto kraftvoller wird die Brühe. Mitgekochte Eierschalen lassen die Brühe ganz klar werden. Zwiebeln mitsamt der Schale zufügen, das macht die Suppe goldgelb. Wurzelgemüse später hinzufügen und ganz zum Schluss die Möhren, da die Suppe sonst trüb und süß wird. Die Brühe durch ein Sieb geben. Die Fleischstücke sind nun ausgelaugt. Die Brühe soll ohne Einlage oder mit feinen Gemüsestreifen gegessen werden.

Kochfleisch getrennt zubereiten

Für die Zubereitung des eigentlichen Kochfleisches, der bereits genannten berühmten Stücke, legen Sie das oder die gewählten Fleischstücke, nachdem Sie sie ebenfalls mit kochendem Wasser abgebrüht haben, in die köchelnde Brühe. Das kochende Wasser schließt sofort die äußere Fleischschicht ab, Geschmack und Aroma bleiben erhalten. Während der gesamten Zeit darf das Wasser nun nicht mehr sprudelnd kochen, sondern nur noch kleine Bläschen aufwerfen. Diese schonende Erhitzung erhält den vollen Wert des zum Essen bestimmten Kochfleisches. Durch zu sprudelndes Kochen wird das edle Fleisch kaputtgekocht.

Wenn Sie verschiedene Stücke Kochfleisch zubereiten wollen, um die unterschiedlichen Geschmacks- und Zartheitsvarianten vergleichend genießen zu können, geben Sie diese in der Reihenfolge ihrer Dicke in die Brühe. Zuerst die Brust, sie ist am zähesten und braucht am längsten, nach 30 Minuten den Tafelspitz, 30 Minuten später das Bürgermeisterstück und das Schild mit der Kollagenschicht und wiederum 30 Minuten später den Rest. In weiterer zweieinhalb Stunden sollte das Potpourri gar und fertig sein. Folgende Garzeiten sollten Sie beachten:

Für das Kochen von Rindfleisch brauchen Sie Geduld und viel Zeit. Beachten Sie dabei die unterschiedlichen Garzeiten der Fleischstücke.

Brust	4 Stunden
Tafelspitz	3,5 Stunden
Schild, Bürgermeisterstück	3 Stunden
Spinne	2,5 Stunden
Kern der flachen Rippe	1,5 Stunden

Das Fleisch ist gar, wenn sich eine Nadel leicht hineinstechen und herausziehen lässt. Gemüse und Küchenkräuter werden 30 Minuten vor der Fertigstellung dazugegeben. Sie dürfen keinesfalls durch langes Kochen auslaugen. Jene Gemüse, die Sie als Beilage servieren wollen, müssen unbedingt bissfest sein. Die knackige Konsistenz sollte noch zu spüren sein. Vitamine und Mineralstoffe bleiben so erhalten.

Rindfleisch langsam zu köcheln ist zeitaufwändig. Man muss zwar nicht ständig am Herd stehen, aber in der Nähe sein – immer wieder schauen, dass alles nur leise vor sich hin köchelt und dass von Zeit zu Zeit Fleischstücke nachgelegt werden. Wundervolle Düfte durchziehen die Wohnung. Eine gute Freundin sagte einmal: »Wenn

ich gutes Rindfleisch im Topf habe, von Tieren, die Gutes und Natürliches gefressen haben, dann schließe ich die Küchenfenster und öffne die Türen zur Wohnung und freue mich, weil es gut riecht. Koche ich normales Rindfleisch von schnell mit Silomais gemästeten Jungbullen, dann öffne ich die Küchenfenster und schließe die Türen zur Wohnung. Welch ein Unterschied, ich rieche die Qualität.«

Um den Zeitaufwand gering zu halten, kochen Sie eine größere Menge und verschiedene Stücke gleichzeitig. Sie haben dann eine Auswahl unterschiedlicher Geschmacksrichtungen. Und wenn nicht alles gegessen wird, legen Sie das Fleisch in einen mit Wasser und etwas Salz gefüllten Topf, sodass alle Fleischstücke bedeckt sind. Im Kühlschrank bleibt das Fleisch so eine Woche frisch. Sie können immer wieder Scheiben davon abschneiden und mit Salsa verde essen oder die Scheiben in der Brühe kurz erhitzen und mit bissfest gegartem Gemüse genießen oder als Rindfleischsalat anrichten. Am Anfang ist bei der Zubereitung von Kochfleisch etwas Geduld erforderlich; Sie werden dafür aber mit den köstlichsten Variationen belohnt. Servieren Sie zum gekochten Rindfleisch zwei Saucen: Für die italienische Salsa verde nehmen Sie frische Kräuter aus dem Garten oder vom Markt, wie Thymian, Majoran, Rosmarin, Oregano und was Sie sonst noch mögen. Außerdem frische Petersilie und Schalotten. Rühren Sie die Kräuter unter kaltgepresstes Olivenöl und zerkleinern Sie die Kräuter erst jetzt im Mörser oder mit dem Pürierstab. Die beim Zerkleinern entstehenden ätherischen Öle binden sich sofort an das Öl und bleiben so erhalten. Schmecken Sie mit etwas Meersalz, frisch gemahlenem Pfeffer und Zitronensaft ab.

Wenn es ganz besonders gut gelingen soll, müssen Fleischbrühe und das Kochfleisch zum Essen getrennt zubereitet werden.

Für die österreichische weiße Sauce streichen Sie in Milch eingeweichtes weißes Brot ohne Rinde durch ein Haarsieb und rühren rohes Eigelb zusammen mit Öl tropfenweise ein, so wie bei einer Mayonnaise. Mit Salz, weißem Pfeffer, Zucker und etwas Weißwein abschmecken. Die Konsistenz sollte cremig sein, wenn nötig, mit etwas kaltem Wasser verdünnen. Zum Schluss fein geschnittenen Schnittlauch untermengen. Zum Anrichten das Fleisch mit einem scharfen Messer in elegante dünne, gleichmäßige Scheiben schneiden. Eine Aufschnittmaschine tut ebenfalls gute Dienste. Dazu eine der beiden Saucen reichen. Die weiße Sauce kann noch durch Apfelmeerrettich verfeinert werden. Dazu etwas fein geriebenen Apfel und Meerrettich vermischen und unterrühren. Zum original Wiener Tafelspitz im Hotel Sacher gehören Spinat und kleine Reibepfannkuchen.

Gekochtes Rindfleisch fand sich in der Generation unserer Eltern regelmäßig auf dem Küchenzettel. Leider ist es inzwischen etwas in Vergessenheit geraten. Vielleicht hat die nach dem Krieg aus Amerika kommende Steakwelle das gute alte Kochfleisch verdrängt. Allerdings braucht es auch Zeit und Geduld, Rindfleisch zu kochen. Für mich schmeckt gekochtes Rindfleisch, richtig zubereitet, mindestens genauso gut oder sogar noch bessser als der berühmte Braten oder das Steak.

Königsberger Klopse

Wer besonders sparsam sein möchte, keinen Hund und keine Katze im Hause hat, verarbeitet die zur Zubereitung der Kraftbrühe verwendeten Fleischstückchen sinnvoll zu den bekannten Königsberger Klopsen, der Lieblingsspeise eines gewissen Immanuel Kant, der in der gleichnamigen Stadt geboren wurde. In meinem Elternhaus habe ich gelernt, nichts Essbares – schon gar kein Fleisch – wegzuwerfen, aus Achtung vor der täglichen Nahrung und aus Respekt vor den Tieren. Die Suppenfleischreste sind natürlich nach dem Kochen ziemlich ausgelaugt, deshalb bedarf es einer Aufwertung durch frisches Hackfleisch.

Drehen Sie das gekochte Fleisch mit dem vorhandenen Fett durch den Fleischwolf und fügen Sie die gleiche Menge Rinderhack oder gemischtes Hackfleisch hinzu. Schneiden Sie Zwiebeln und Petersilie klein, dünsten Sie diese in gutem Rinderfett (oder ersatzweise Butterschmalz) glasig und mischen Sie sie zusammen mit etwas Semmelbröseln – kein Weißbrot – unter das Fleisch. Zur guten Bindung ein Ei hinzufügen. Das Hackfleisch salzen, würzen, mit den Händen gut durchkneten und zu 3 bis 5 Zentimeter große Bällchen formen. Lassen Sie die Bällchen in einer (Fleisch-)Brühe, die mit Lorbeer, Wacholder, einer Zwiebel mit Schale, Pfeffer und Salz gewürzt ist, langsam gar ziehen.

Dazu gibt es eine weiße Sauce: Rühren Sie feines Weizenmehl mit etwas Wasser an, sodass eine Creme ohne Klümpchen entsteht. Unter die Brühe rühren und aufkochen. Die richtige Konsistenz müssen Sie selbst herausfinden. Nun kommen noch ein Eigelb, Zitrone oder Weißwein und Kapern hinzu. Salzen, nachwürzen und unbedingt mit Butter oder Sahne verfeinern oder besser noch mit beidem. Eine feine Säure ist dabei gewünscht.

Schon Immanuel Kant hat sie geliebt: Königsberger Klopse sind mehr als nur die sinnvolle Weiterverwendung von gekochtem Fleisch.

Qualität beim Steak erkennen

Zu einem guten Steak gehören immer drei: ein guter Bauer, ein guter Metzger und ein guter Koch. Das Fleisch für die Steaks muss von langsam gemästeten, gut ausgereiften Ochsen und Färsen stammen und nicht von schnell gemästeten Jungbullen. Mit Abstand am besten ist das Fleisch von Rassen wie Angus, Hereford, Limousin, aber auch Fleckvieh, Deutsches Gelbvieh, Pinzgauer. Nicht geeignet sind Hochleistungsmilchrassen wie die norddeutschen Schwarzbunten oder die in den USA und England hochgezüchteten Holstein-Friesen-Milchkühe. Das wenige Fleisch an diesen Tieren eignet sich eigentlich nur noch für die berühmt-berüchtigten Hamburger.

Das Fleisch muss vor dem Portionieren (und auch vor dem Einfrieren) sorgfältig abgehangen sein. Man muss sich dabei auf einen guten Metzger verlassen können, der seine Stücke in einem geeigneten Kühlraum bei null Grad mindestens drei Wochen oder, wenn er es ganz gut meint, fünf Wochen abhängen, d.h. reifen lässt. Die dabei langsam entstehende Milchsäure macht die zunächst zähen Muskelfasern zart. Die Steaks müssen vollkommen gleichmäßig etwa drei Zentimeter dick geschnitten werden. Ist eine Ecke dünn, die andere dicker, wird das Steak logischerweise an der einen Ecke zu sehr durchgebraten, an der anderen Ecke möglicherweise zu roh sein. Das ist nicht nur bedauerlich, sondern auch wenig professionell. Nur wirkliche Könner kriegen das mit einem Messer hin, dafür gibt es heute die Aufschnittmaschine oder die Bandsäge. Vorstehende Knochen müssen entfernt werden, ansonsten werden beim Braten in der Pfanne die Oberflächen unregelmäßig braun. Bestehen Sie darauf, dass Ihr Metzger das alles genau so macht, nämlich sorgfältig und liebevoll.

Gutes Rindfleisch erkennt man an einer kräftig roten – nicht hellroten – Farbe, an einer trockenen Oberfläche und vor allem an der Art und Ausprägung der Marmorierung. Je stärker diese Marmorierung, desto voller das Aroma und der Geschmack, umso saftiger und zarter ist das Fleisch (siehe S. 53–55). Aromastoffe sind fettlöslich. Geschmack und Aroma binden sich im Wesentlichen nicht an das magere Muskelfleisch, sondern an das eingewachsene Fett. Viel davon läuft beim Braten heraus und macht das Einfetten der Pfanne fast unnötig. Und wer das äußere Fett nicht mag, kann es beim Essen abschneiden. Der Kenner allerdings merkt schnell, wie unvergleichlich wohlschmeckend kross gebratenes Fett ist. Er verzichtet dafür gerne auf Kräuterbutter und Sahnesauce.

Das Fleisch für Steaks muss gut marmoriert und gut abgehangen sein. Wichtig für die Zubereitung ist, dass die Scheiben gleichmäßig dick geschnitten sind.

Die verschiedenen Steak-Zuschnitte

Hier herrscht große Verwirrung. Jede Region hat andere Bezeichnungen, und selbst zwei Metzger am gleichen Ort sind sich darüber nicht unbedingt einig. Folgende Zuschnitte und Bezeichnungen scheinen mir – nach der Erfahrung meiner eigenen Lehr- und Wanderzeit und dem Studium der Literatur – üblich und gebräuchlich zu sein: Filetsteak, Rumpsteak, Ribeyesteak, Hüftsteak, Minutensteak und das Kernstück der flachen Rippe.

Die Zubereitung von Steaks

In der Pfanne

Gute Köche legen Steaks nicht kalt aus dem Kühlschrank in die Pfanne, sondern lassen sie zuerst Zimmertemperatur annehmen. Das Fleisch würzen, aber nicht mit Salz, denn Salz zieht bei Hitzeeinwirkung den Fleischsaft heraus, der dann verdampft und das Steak trocken werden lässt. Würzen kann jeder nach eigenem Geschmack. Schwarzer Pfeffer gehört dazu, Muskatnuss und Ingwer in dünnen Scheiben sind interessant. Wenn Sie einen Thymian- oder Rosmarinzweig sowie einige Salbeiblätter unter dem Fleisch mitbraten lassen, erhalten Sie eine mediterrane Note. Je besser die Qualität des Fleisches, desto vorsichtiger bitte mit Gewürzen umgehen; das Fleischaroma wird damit leicht überdeckt. Verwenden Sie möglichst keine fertig gemahlenen Gewürze, sie verlieren ganz schnell ihre Würzkraft und stehen meist zu lange im Laden oder in der Küche. Frisch im Mörser zerstoßene Gewürzkörner oder frisch geriebene Muskatnuss oder Ingwerwurzel haben ein unvergleichbar volles und kräftiges Aroma. Erleben Sie den Unterschied. Wer mag, kann das Steak auch mit einer halbierten Knoblauchzehe abreiben.

> **Steaks nicht zu heiß und nicht zu lange braten. Das Steak zwischendurch zum Temperaturausgleich ruhen lassen. Vorsicht mit Gewürzen: Der gute Fleischgeschmack ist das Geheimnis eines guten Steaks.**

Nun geht's ans Braten. Aus der guten alten Eisenpfanne, die nie gespült, sondern nur ausgerieben wird, schmeckt's immer noch am besten. Lassen Sie die Pfanne nicht zu heiß werden. Langsam bei mittlerer Hitze zu braten ist schonender für das Fleisch. Und wichtig: Das Fett spritzt nicht so stark. Die Pfanne wird nur ganz leicht eingefettet. Am besten eignet sich fein geschnittenes, kerniges Rinderfett, das vom Geschmackswert natürlich viel besser zum Rindersteak passt als Öl oder raffinierte, gebleichte und gehärtete Pflanzenfette. Es geht auch mit Butterschmalz, das man am besten selbst macht aus frischer, guter Butter, die in einem Topf so lange erhitzt wird, bis aller Eiweißschaum abgeschöpft ist.

Wenn noch einige Fleischknochen oder Fettreste übrig sind, so bräunen Sie diese kurz an. Legen Sie einen kleinen Rosmarin-, Thymian- oder Estragonzweig, einige frische Salbeiblätter und/oder einige dünne Scheibchen frischen Ingwer in das heiße Fett und das Steak darauf. Die Steaks kurz auf beiden Seiten anbraten, nur so lange, bis die Oberfläche goldbraun ist, und keine Minute länger! Aus der Pfanne nehmen und mit Alufolie abgedeckt an einem warmen Platz ruhen und reifen lassen.

Die Kräuter aus der Pfanne entfernen, bevor sie schwarz und bitter werden. Das überschüssige Fett aus der Pfanne abgießen, die in der Pfanne gebildeten Röststoffe mit etwas Brühe oder Wasser auflösen und langsam aufkochen. Den Fond durch ein Sieb geben, Salz, eine Prise Zucker sowie einen Schuss Balsamico hinzufügen – fertig ist eine wohlschmeckende Sauce! Geben Sie die Steaks noch einmal in die Pfanne zurück und braten Sie sie bei mittlerer Hitze so lange langsam weiter, bis die Kerntemperatur von 48 °C erreicht ist. Jetzt sind sie innen schön gleichmäßig rosa – rare (engl.) oder saignant (franz.). Über 55 °C Kerntemperatur sind sie dann medium (engl.) oder à point (franz.) und nicht mehr rosa. Über durchgebratene Steaks sprechen wir nicht.

Auf dem Grill

Besser als in der Pfanne gebraten schmeckt ein Steak über Holzkohle gegrillt. Die Holzkohle muss gut durchgeglüht sein und darf keine Flammen mehr aufwerfen. Aufpassen, dass nur wenig Fett in die Glut tropft: Das verbrennende Fett erzeugt schnell übergroße Hitze und kann ungesundes Benzpyren bilden. Ein Grill, bei dem die Steaks zwischen zwei Rosten eingeklemmt neben dem Korb mit der glühenden Kohle hängen, ist deshalb sinnvoll. Jede Seite nur so lange grillen, bis die Oberfläche goldbraun ist und kleine Saftbläschen zeigt. Die Steaks vom Grill nehmen und warm halten, bis im Kern 48 °C erreicht sind. Lassen Sie sich dabei ruhig zehn Minuten Zeit, die Steaks werden dadurch gleichmäßig rosa.

Bis Sie ein Gefühl für die richtigen Zeiten und Temperaturen entwickelt haben, braucht es etwas Übung. Ein Thermometer, um die Kerntemperatur zu messen, leistet dabei unschätzbare Dienste. Oft wird auf Grillpartys gutes Fleisch zu lange gebraten, sodass es außen schon verbrannt ist. Dann ist es zäh und trocken und der Wohlgeschmack ist verloren. Das Warmhalten, Ruhen-, Reifen- oder Ziehenlassen hat den Sinn, die heiße Außentemperatur langsam in den Kern vordringen zu lassen. Das verfestigt gleichzeitig die Fleischfaser, macht das Fleisch schnittfest und nimmt ihm den blutigen, rohen Charakter, den manche Menschen nicht mögen. So wird das Steak gleichmäßig vom Rand bis zum Kern rosarot. Erst dann salzen und auf einem heißen Teller servieren. Übrigens: Ein stumpfes Messer ruiniert das schönste und sorgfältigst zubereitete Steak. Scharfe und gepflegte Steakmesser sind deshalb ein Muss.

Besonders gut schmeckt ein Steak, wenn es gegrillt wird. Dabei nimmt es das würzige Aroma der Holzkohle an.

Minutensteaks

So, wie wir nach dem Krieg das Steakbraten von den Engländern und Amerikanern gelernt haben, lernen wir jetzt das Zubereiten von ganz dünnen Fleischscheiben von den Japanern (siehe Sukiyaki, S. 94).

Wichtig ist natürlich auch hier neben der feinen Fettäderchen-Marmorierung die Fleischreife, die durch mindestens 14-tägiges, besser dreiwöchiges Abhängen im Kühlraum entsteht. Außerdem ist bei der Auswahl des Fleisches wichtig, dass die etwa 8 Millimeter dünnen Scheiben ganz, ganz gleichmäßig geschnitten sind – nicht an einer Stelle dicker und an anderer dünner, was dazu führt, dass die dünnen Stellen durchgebraten und die dickeren Stellen innen zu roh sind. Am besten geht das gleichmäßige Schneiden mit der Aufschnittmaschine.[*]

Schöne große Scheiben für Minutensteaks schneidet man aus der Lende oder dem Ribeye, die auch meist gut marmoriert sind. Kleinere Scheiben schneidet man aus der Hüfte, der Kugel, dem Bürgermeisterstück, der dicken Schulter oder ähnlichen Teilstücken. Es darf keine weiße Sehne durch das Minutensteak ziehen, denn die kann man nicht gut schneiden, geschweige denn zerkauen.

Wie für das Steakbraten in der Pfanne zuvor beschrieben (siehe S. 104), die Steaks im heißen Rinderfett und Kräutern nur ganz kurz auf der einen und dann auf der anderen Seite braten. Je eine Minute auf jeder Seite reicht meist aus. Die Oberfläche sollte ganz feine Röstspuren haben, nicht mehr. Dabei muss man am Herd stehen bleiben und alles im Auge behalten. Das Fleisch vom Herd nehmen und noch etwas ruhen lassen. Es muss innen noch rosa sein. Werden Minutensteaks zu lange und zu heiß gebraten, werden Sie wenig Freude daran haben.

Zum Würzen verwende ich am liebsten nur Meersalz und Pfeffer und keinerlei andere Gewürze. Um den typischen, angenehmen Wohlgeschmack der Steaks durch nichts zu stören, wird auch keine Sauce dazu gereicht. Minutensteaks – wie der Name schon sagt – gehen schnell, sind einfach, aber besonders gut.

Ganz kurz gebratene dünne Scheibchen Fleisch sind eine schnelle Zubereitungsart, die aus Asien kommt.

Rinderschmorbraten in Barolo

Für einen Rinderschmorbraten gut geeignet sind die dicke Schulter oder das Bürgermeisterstück, vorzüglich die dünne Schulter, im Norden Schild genannt und in Österreich Schulterscherzl. Der Braten wird im Gegensatz zum Steak gut gesalzen und gepfeffert. In einer schwarzen Kasserolle in gutem Rinderfett anbraten und ohne Deckel
bei mittlerer Temperatur im Backofen von allen Seiten braten, bis er goldbraun ist.

Eine halbe Flasche Barolo (ital. Rotwein) dazugeben sowie einen Schuss Balsamico-Essig (etwa ein kleines Schnapsglas), klein geschnittene Zwiebeln und Sup-
pengemüse. Würzen Sie mit im Mörser zerstoßenem Piment, Nelken und Zimt sowie
einem Lorbeerblatt und etwas Senf. Das Fleisch zugedeckt bei mittlerer Temperatur
(160 °C) schmoren lassen. Die Sauce durch ein Sieb gießen, einkochen lassen und
abschmecken. Den Braten in dünne Scheiben (max. 10 mm dick) schneiden, nochmals in die Sauce legen und bei geringer Temperatur 20 Minuten köcheln lassen. So
können die köstlichen Aromastoffe der Sauce auch wirklich durch und durch in jede
Scheibe Fleisch ziehen.

**Ein guter Braten ver-
trägt einen guten
Wein: Warum nicht
den Wein, der zum
Essen serviert wird,
auch zum Kochen
verwenden?**

Côte de Bœuf

Dieses Stück ist für den Kenner wohl das Beste vom Rind, wenn es von einem gut aus-gemästeten Ochsen oder einer Färse stammt. Eine Färse ist ein junges weibliches Rind, das noch kein Kälbchen geboren hat. Der Ochse war einmal ein Bulle. In Deutsch-land wird das als Hohe Rippe bezeichnete Stück oft gekocht, und das ist schade. Mei-ne Großmutter machte das auch schon so, aber in der »guten alten Zeit« kannte man noch nicht den Wert und die Vorzüglichkeit des Kurzgebratenen.

In England und Amerika war und ist Prime Rib of Beef, im Ganzen gebraten, die hohe Schule einer jeden Küche. Sehr gut eignet sich dazu auch das Kernstück, das »Auge« von der Hohen Rippe, im Englischen Ribeye genannt. Dieses Stück muss vor allem gut marmoriert sein, d.h. dass das rote Muskelfleisch von vielen feinen Fett-äderchen durchzogen ist. Außerdem muss es gut abgehangen sein. Für die Zuberei-tung sollten Sie sich viel Zeit nehmen und große Sorgfalt aufwenden, wenn alles wirk-lich gut gelingen soll.

Der König unter den Braten

Für ein Sonntagsmahl im großen Familien- oder Freundeskreis in der kalten Jahres-zeit lassen Sie sich vom Metzger ein großes Stück mit zwei oder drei Rippen vorbe-reiten. Der Rückenwirbel wird schräg abgesägt und die Federknochen werden ausge-löst, sodass sich die verbleibenden Rippenknochen, die den Braten zusammenhalten, beim fertigen Braten leicht herauslösen lassen. Dann kann eine dünne Scheibe nach der anderen elegant abgeschnitten werden. Das war die klassische Form des groß-bürgerlichen Sonntagsbratens. Der Hausherr hatte den Braten auf einem Holzbrett vor sich stehen und zelebrierte vor der Familie oder den Gästen mit einem großen schar-fen Messer seine Kunst. Das war Ess-Genuss-Kultur.

Aber gehen wir zurück in die Küche. Ich habe als junger Mann von einem pas-sionierten Schweizer Metzgermeister und Koch gelernt, den Braten zunächst viele Stunden vorzuwärmen, um ihn noch zarter zu machen; denn ich kann ja nicht wis-sen, ob der Metzger sein Bratenfleisch wirklich gut abgehangen hat. Die enzymati-schen Vorgänge zum Reifen des Fleisches sind von der Temperatur abhängig. Das be-rühmte Abhängen dauert im Kühlhaus des Metzgers bei +2 °C etwa drei, besser noch fünf Wochen. Bei lauwarmen Temperaturen im Ofen unter 50 °C läuft die Fleischrei-fung mit hoher Geschwindigkeit ab. Ich habe oftmals das Côte de Bœuf mittags in den 50 °C warmen Ofen geschoben und ihn bis etwa zwei Stunden vor dem Abendessen durchwärmen lassen. Und erst ganz zum Schluss bei großer Hitze dem Braten die gold-braun geröstete Kruste gegeben. Übrigens gilt das Gleiche auch für andere Braten, ob vom Schwein, Kalb oder Lamm. Erst nach dem Wärmen/Reifen wird der Braten gesalzen und gepfeffert. Je nach Geschmack können Sie auch etwas Knoblauch und Muskatnuss hinzufügen. Vorsicht mit den Gewürzen, Sie möchten doch das volle Fleischaroma genießen und den Wohlgeschmack erleben, der von der feinen Fett-äderchen-Marmorierung kommt.

Der gute alte Sonn-tagsbraten ist Ess-kultur pur. Aber er braucht seine Zeit, um den vollendeten Wohlgeschmack zu erhalten.

Nach der klassischen Methode wird der Braten so zubereitet: Der Backofen wird auf 250 °C erhitzt. Das Côte kommt mit der Knochenseite nach unten in die Reine oder den gusseisernen Bräter und brät mit Oberhitze oder Umluft so lange, bis das Fett goldbraun und die Kerntemperatur von 45 °C erreicht ist. Die Ofentüre wird geöffnet, um die große Hitze entweichen zu lassen, und bleibt geöffnet, während das Côte im Ofen noch 30 Minuten nachzieht. Die Temperaturen der heißen Randzone und des warmen Kernes können sich nun langsam angleichen. Während des Nachziehens erhöht sich die Temperatur noch langsam auf 48 bis 50 °C. Jetzt ist der Braten durch und durch rosa, nicht blutig und schön fest. Richtig durchgebraten wäre das Fleisch trocken und zäh und ohne den vollen, einzigartigen Wohlgeschmack.

Der Fond – ganz leicht selbst gemacht

Eine gute Sauce gehört dazu und ist nicht schwer. Aber auch sie braucht etwas Zeit, denn selbst gemacht ist sie unübertroffen.

Für die Sauce lassen Sie sich von Ihrem Metzger Fleischknochen klein hacken. Lassen Sie sich das Fleischfett und was er sonst beim Parieren des Côte abgeschnitten hat, mitgeben, so viel, dass mehrere Portionen Sauce für mehrere Festbraten daraus zubereitet werden können. Braten Sie alles in einem flachen, gusseisernen Bräter goldbraun an. Fügen Sie Sellerie, Lauch, Zwiebeln und Knoblauch (nicht geschält, der Geschmack wird dann sanfter) sowie etwas Salz hinzu, lassen Sie es ebenfalls kurz braten und gießen dann mit Wasser auf. Auf kleiner Flamme oder im Backofen mit Oberhitze möglichst lange köcheln lassen und immer wieder mit Wasser auffüllen. Je länger, desto intensiver werden die Geschmacks- und Röststoffe vom Wasser aufgenommen (extrahiert). Absieben und mit dem Saft, der sich beim Braten des Côte im Bräter gesammelt hat, vermischen, nochmals aufkochen und – wenn nötig – auf die gewünschte Konsistenz einkochen lassen. Abkühlen lassen und das Fett abschöpfen. Diesen Extrakt nennt man Fond. Sie sollten davon immer kleine Portionen tiefkühlen. Qualität kommt nicht aus der Tüte. Wirklich gute, fertig zubereitete Fonds im Glas sind sehr teuer. In den Fond gehört kein Mehl und keine Sahne. Ein dicker Stich kalte Butter mit dem Schneebesen ganz zum Schluss in die Sauce gerührt rundet sie ab. Sie wird dann sämig. Köche nennen das montieren. Einen guten Braten sowie die dazugehörige Sauce zuzubereiten kostet Zeit, viel Aufmerksamkeit und braucht Können.

Ribeye – schonend zubereitet …

… mit einer ganz besonderen Sauce – so habe ich es bei Biolek (»Alfredissimo«) auf dem Höhepunkt der BSE-Krise gemacht, um den Menschen die Lust auf Rindfleisch wieder zurückzugeben.

Aus dem Herzstück eines mit feiner Fettäderchen-Marmorierung durchzogenen Côte de Bœuf wird eine ca. 4 cm dicke, ganz gleichmäßige Scheibe geschnitten. Ohne Knochen und ohne den Deckel nennt das der Fachmann »Ribeye«, das Auge der Rippe. Das äußere Fett nicht entfernen, es wird später noch gebraucht. In einer schweren Pfanne werden zunächst kleine Stücke Rinderfett ausgelassen, das Ihnen Ihr Metzger bestimmt gerne gratis gibt. In das heiße Fett kommen ein Zweig Rosmarin und, wenn Sie haben, einige frische Salbeiblätter, die dem Fleisch ein feines Aroma geben. Darauf wird das Ribeye gelegt. Ist eine Seite schön goldbraun geröstet, wenden. Den Rosmarinzweig und die Salbeiblätter entfernen, damit sie nicht verbrennen und einen bitteren Geschmack hinterlassen. Die zweite Seite wird ebenfalls goldbraun geröstet. Das dauert nur wenige Minuten und Sie müssen dabeibleiben, um den richtigen Augenblick zu erwischen. Die Oberfläche sollte nicht dunkelbraun oder gar verbrannt sein. Das Ribeye aus der Pfanne nehmen und auf ein Fleischbrett legen. Das äußere Fett wird abgetrennt und in kleine Würfel geschnitten. Der Trick: Rindfleisch muss kurzgebraten sein, damit es schmeckt. Rinderfett hingegen muss durchgebraten, geröstet sein, damit es schmeckt, aber dann schmeckt es wirklich gut. Mit etwas Salz verführt es zum Naschen. Wir verwenden es für unsere Sauce.

Ribeye – das Auge der Rippe – ganz schonend zubereitet ist ein Hochgenuss. Auch Alfred Biolek konnte sich davon überzeugen.

Die dicke Scheibe Ribeye wird im Ofen bei 70 bis 80 °C ganz langsam gewärmt und gereift, bis die Kerntemperatur max. 50 °C erreicht hat. Die Wärme wandert langsam und schonend ins Fleisch, Vitamine, Enzyme und viele andere lebensfördernde Kräfte bleiben weitgehend erhalten. Das ist das Geheimnis des »Niedrigtemperatur-Garens«! Sie können auch mit einer niedrigeren Ofentemperatur noch schonender garen, es dauert nur entsprechend länger. Das Fleisch ist außen leicht geröstet und innen gleichmäßig rosa und saftig, so wie gutes Rindfleisch sein soll.

In der Zwischenzeit sind die Fettwürfel in der Pfanne goldgelb geröstet. Ein Teil des flüssigen Fettes wird abgegossen und dient als Fett für den nächsten Rinder- oder Kalbsbraten. So übertragen Sie Wohlgeschmack und Aroma von einem Braten auf den nächsten, und das auf ganz natürliche Weise. Fügen Sie fein gehackte Schalotten hinzu, etwas Sherry oder Portwein sowie einen selbst gemachten Rinderbratenfond oder einen guten fertigen Kalbsfond. Das Ganze langsam einkochen lassen, pfeffern und salzen. Ganz zum Schluss mit kalter Butter verrühren, damit die Sauce schön sämig wird. Zwei Spritzer Balsamico tun der Sauce gut.

Das Ribeye sollte inzwischen »auf dem Punkt« sein (Kerntemperatur max. 50 °C und kein Grad mehr). Wird das Ribeye auf einem Brett angerichtet, läuft den Gästen das Wasser im Munde zusammen. Der Hausherr oder die -herrin schneidet mit einem scharfen Messer dünne Scheiben schräg und diagonal vom Ribeye ab, richtet sie auf den bereitstehenden gewärmten Tellern an, gibt von der heißen Sauce dazu (aber nicht darauf). Sie sollten den Kochvorgang einmal üben, bevor Sie Freunde einladen, damit alles auch ganz perfekt wird. Das ist die »hohe Schule« der Ess-Genuss-Kultur.

Das Wichtigste beim Ribeye ist die niedrige Gartemperatur, damit die Wärme langsam ins Fleisch wandern kann und auf diese Weise die Vitamine und Enzyme erhalten bleiben.

Beilagen gehören dazu

Als Beilage schmecken Austernpilze sehr gut, die mit Frühlingszwiebeln in der Pfanne »al dente« gegart werden. Bei mir zu Hause gibt es frische Bratkartoffeln. Für die Bratkartoffeln, die schon meine Oma so zubereitet hat, fest kochende Kartoffeln schälen und gleichmäßig in Streifen oder Scheiben schneiden. Je feiner, desto besser. Eine Eisenpfanne auf kleiner Pfanne erwärmen. In feine Würfel geschnittenen Bauchspeck darin glasig dünsten, die Kartoffeln dazugeben und mit Salz und Pfeffer aus der Mühle würzen. Bei kleiner Hitze langsam garen, klein geschnittene Zwiebeln und Knoblauch dazugeben und die Kartoffeln braun werden lassen. Wenden und von der anderen Seite ebenfalls braun werden lassen.

Stücke, die keiner mehr kennt

Bavette (franz.), das flache Stück aus der Flanke

Der gute Metzger, der sein Handwerk wirklich gelernt und über die Grenzen seiner Region hinausgeschaut hat, weiß, wo in der dünnen Flanke die Bavette sitzt. Schneiden Sie acht bis zehn Millimeter dünne Scheiben schräg gegen die Faser, damit die Scheiben größer werden. Die Pfanne heiß werden lassen. Etwas Rinderfett erhitzen. Die dünnen Bavette-Scheiben ganz, ganz kurz beidseitig braten und ganz leicht braun werden lassen. Von jeder Seite eine Minute, kurz ruhen lassen – köstlich!

Onglet (franz.), der Nierenzapfen

Im Ganzen braten – langsam, vorsichtig und nicht zu heiß! Das geht immer nach dem gleichen Muster: goldbraun anbraten, bei niedriger Temperatur ruhen und nachziehen lassen, bis die Kerntemperatur 50 °C erreicht hat. Schneiden Sie die Scheiben quer zur Faser und schräg, damit sie größer werden. Und immer an der mittleren Sehne entlang, die ganz fest und kurzgebraten nicht essbar ist, aber das ganze Stück gut zusammenhält. Schneiden Sie, bis mal rechts, mal links Scheibe für Scheibe abgeschnitten ist. Das will geübt sein!

Zu Unrecht in Vergessenheit geraten: Bavette, Onglet und Hampe waren besonders französischen Metzgern ein Begriff.

Hampe (franz.), das Kronfleisch

Das lange, dünne, schmale Stück ist wirklich nur gut von einem ganz schweren Ochsen. Es wird in handbreite Stücke geschnitten und ganz langsam und lange bei niedriger Temperatur gekocht. In dünne Scheiben quer zur Faser schneiden, etwas Meersalz und grob gemahlenen schwarzen Pfeffer darüber geben.

Die Fleischfasern all dieser Stücke sind kräftig und fest, aber nicht zäh. Geschmack und Saftigkeit sind wunderbar, zum Staunen gut. Die Kunst liegt im richtigen Schneiden: gegen die Faser und schräg, so werden die Scheiben größer. Natürlich nur mit einem extrascharfen Messer. Die französischen Schlachter in den ehemaligen Pariser Schlachthöfen La Villette haben früher das Onglet als Gustostück unmittelbar nach dem Schlachten aus dem Tierkörper herausgeschnitten und noch schlachtwarm zum Frühstück gebraten.

Onglet in Wurzelgemüse geschmort

Ein im Ganzen gebratenes Onglet im Restaurant »Bœuf Couronné« in Paris »blutig« auf dem Teller vor sich liegen zu haben, ist für Kenner eine besondere Freude. Aber die meisten deutschen Zeitgenossen sind davon nicht so angetan und wissen auch nicht, wie man diesem Stück mit der Sehne in der Mitte zu Leibe rücken soll. Das geht ohnehin nur mit einem ganz scharfen Messer. Wer es schafft, wird entzückt sein vom außerordentlich intensiven Fleischgeschmack. Da dieses Stück Fleisch eine sehr feste Faserstruktur hat, sind neben dem scharfen Messer auch gute Zähne von Vorteil.

Deshalb sollte Onglet für unsere Essgewohnheiten besser geschmort werden. Schneiden Sie Wurzelgemüse, also Sellerie, Petersilienwurzeln und Möhren, in Würfel. Zwiebeln werden geviertelt, eine Knoblauchknolle in der Mitte durchgeschnitten, sodass die halbierten Zehen sichtbar sind. Nehmen Sie einen gusseisernen, schwarzen Bräter mit flachem Boden (Rindfleisch, geschmort mit dunkler Sauce = schwarzer Bräter), lassen Sie gutes Rinderfett (oder Butterschmalz) darin heiß werden und fügen Sie die Gemüsewürfel hinzu und rühren Sie gelegentlich, bis alles goldgelb ist. Eine Prise Zucker dazugeben und karamellisieren lassen. Rotwein mehrmals in klei-

Fleischstücke mit festen Faserstrukturen müssen lange – am besten in einer Sauce – geschmort werden, um butterzart zu werden.

nen Mengen hineingießen. Den karamellisierten Zucker vom Topfboden abschaben, auflösen und alles einkochen lassen. Ganz zum Schluss Lauchscheiben und einen gevierteilten Apfel hinzufügen (er bringt eine angenehme Süße in die Komposition). Jetzt ist die Zeit des Würzens gekommen. Im Mörser zerstoßene Pfefferkörner, Piment, Koriander und Wacholderbeeren, Meersalz sowie einige Kräuter Ihrer Wahl. Einen Schuss Balsamico nicht vergessen. Nun mit Brühe oder Kalbsfond auffüllen, aufkochen und die festen Bestandteile absieben. Das Onglet wird getrennt in einer Pfanne kurz und scharf angebraten.

Das alles können Sie morgens oder vormittags machen, es dauert 30 Minuten. Am frühen Nachmittag legen Sie die angebratenen Fleischstücke in die Sauce, sodass sie halb herausschauen oder halb von der Sauce bedeckt sind. Der Ofen wird auf 140 °C vorgeheizt, der Bräter ohne Deckel in den Ofen geschoben – und dann haben Sie Zeit. In drei bis vier Stunden ist das Onglet butterzart und von den vielen Aromen der Sauce ganz und gar durchzogen. Das Fleisch ist gar und auf dem Punkt, wenn sich eine Nadel ohne Widerstand hineinstechen und wieder herausziehen lässt. Wenn abends die Gäste kommen, ist alles fertig. Das Fleisch wird aus der Sauce genommen und vor den Gästen in dünne Scheiben quer zur Faser geschnitten. Beim Onglet ist die dünne Sehne in der Mitte zu einer sanften Gallerte geworden, die mitgegessen werden kann. Als Beilage sind Spätzle ideal. Sie nehmen die köstliche Sauce gut auf. Glasierte ganze Zwiebeln mit einer gespickten Nelke passen ebenfalls sehr gut dazu. Auch die preiswerte magere Rinderbacke eignet sich für diese Zubereitungsart.

Pavé, ein dickes Steak

In Frankreich gibt es auf jeder Speisekarte in der guten Gastronomie das Pavé. Pavé bedeutet »Pflasterstein«. Und dick wie ein Pflasterstein ist auch das Fleisch geschnitten (siehe Abb. rechte Seite). Für ein Pavé können Fleischstücke verwendet werden, die nicht so bekannt und teuer sind wie Filet, Lendensteak oder Ribeye. Es gibt viele »schlankere« Fleischmuskeln, vor allem aus dem Vorderviertel, die keinen so hohen Marktwert, gleichwohl aber einen hohen Geschmackswert haben. Ein Pavé kann sowohl vom Rind, Kalb, Schwein oder Lamm sein. Die Fleischstücke werden 4 cm dick geschnitten, nicht lang und flach wie ein Lendensteak, sondern kompakt wie ein kleiner Pflasterstein. Jedes Stück wiegt ca. 180 bis 250 g, je nach Appetit. Ein Pavé muss vollkommen fett- und sehnenfrei pariert werden und gleichmäßig dick geschnitten sein. Die Pavé-Stücke können mit Speck umwickelt (wenn man es besonders gut machen will) und mit einem Bindfaden ringsherum fest zusammengebunden werden. Bevor Sie mit dem Braten der Fleischstücke beginnen, heizen Sie den Ofen auf etwa 80 bis 100 °C vor.

Das Pavé auf beiden Seiten in der Pfanne in gutem Rinderfett bei scharfer Hitze ganz kurz anbraten, bis beide Seiten schön braun sind. Jetzt erst salzen und pfeffern. Dann kommt das Entscheidende: Die Pavé-Stücke in den vorgeheizten Ofen geben und bei niedriger Temperatur »ziehen« lassen, bis die Kerntemperatur 50 °C erreicht hat. Das kann 40 Minuten und länger dauern. Sie müssen die Temperatur mit dem Fleischthermometer immer wieder nachprüfen. Perfekt ist das Pavé, wenn das Fleisch gleichmäßig durch und durch rosa ist und sich leicht schneiden lässt. Der Fachmann sagt: »Wenn das Fleisch gut vor dem Messer steht.«

Das i-Tüpfelchen kommt zum Schluss: fein gehackte Petersilie oder Rucola mit etwas gutem Olivenöl, Zitrone (oder Orangensaft), Salz und Pfeffer vermischen und als ca. 5 mm dünne Schicht auf das Fleisch geben. Wer möchte, kann das Ganze noch mit einer Knoblauchzehe garnieren. Das Pavé ist unwiderstehlich. Es schmeckt einfach fantastisch und ist daher das beste Lehrstück für einen behutsamen Umgang mit Fleisch. Probieren Sie es mal!

An dieser Stelle, inmitten der Anleitungen zum Kochen, möchte ich noch einmal sagen, dass nur die ständige Übung den Meister macht. Nur was man gründlich mit seinen eigenen Händen gelernt hat, kann man auch; und nur was man gut kann, macht man dann auch – mit Freude für sich und andere.

Leber-Pavé

Eine besonders köstliche Variante des Pavés wird mit Leber zubereitet. Für ein Leber-Pavé kann Rind-, Schweine-, Kalbs- oder Lammleber verwendet werden. Da die Rinderleber besonders schnell durchgebraten ist und deshalb leicht trocken und zäh wird, wird sie nicht so gerne gekauft. Richtig zubereitet ist jedoch gerade ein Rinderleber-Pavé ein Hochgenuss. Die Leberstücke werden ähnlich geschnitten wie die Fleisch-Pavés. Auch die Leber wird mit Speck umwickelt und mit einem Bindfaden zusammengebunden. Bevor Sie mit dem Braten der Fleischstücke beginnen, heizen Sie den Ofen auf etwa 80 bis 100 °C vor. Die Leberstücke ganz vorsichtig anbraten (Rinderleber in gutem Rinderfett, Schweineleber in gutem Schweineschmalz, Kalbsleber natürlich in gutem Kalbsfett) und nicht so scharf wie das Fleisch. In Leber sind Zucker und andere Stoffe enthalten, die schnell verbrennen und dann bitter schmecken. Dünne Scheiben sind im Nu durchgebraten und werden dann innen grau, trocken und zäh. Das gilt besonders für Rinderleber. Fahren Sie nach dem Anbraten fort wie beim Fleisch-Pavé und lassen die Leber im vorgewärmten Ofen garen, rosarot natürlich. Auch das Leber-Pavé zum Schluss mit einer Schicht Petersilien-Rucola-Öl bedecken und servieren.

Über den rechten Umgang mit dem edlen Kalbfleisch

Das Fleisch von jungen, drei Monate alten, mit echter Milch und frischen Grasspitzen sorgfältig aufgezogenen Kälbern ist das Wertvollste, Feinste, Zarteste, Edelste und Teuerste, was es an »Fleischlichem« gibt. Deshalb muss möglichst jedes Stückchen in der Küche verwertet werden. Nichts, aber auch wirklich nichts, was essbar und verwertbar ist, darf unachtsam weggeworfen werden. Auch nicht das köstliche Kalbsfett, das sich besonders gut zum Anbraten von Kalb und Rind eignet. Das sind wir dem Kälbchen schuldig. Auch das »Verwursteln« ist eigentlich zu schade – außer bei echten »kälbernen« Weißwürsten und der bei Bayern so beliebten »weißen Ware« (z.B. Gelbwurst, Kalbsbratwurst, Wollwurst).

Alle kennen und wollen natürlich die Leber, die großen Schnitzel aus der Oberschale, die Koteletts oder den Rücken, die großen schönen Bratenstücke aus der Keule oder der dicken Schulter. Viele gute Teile bleiben unbeachtet und unbekannt, vor allem die aus dem vorderen Teil des Kalbes, die aber genauso gut und saftig sind, wie die VIPs unter den Fleischteilen. Aus den weniger bekannten Teilen kann man hervorragende und wohlschmeckende Speisen in ganz kurzer Zeit zubereiten. Der tüchtige Metzger schneidet vom Kalb je nach Größe und Eignung des jeweiligen Teilstückes kunstvoll kleine Schnitzelchen »Piccata«, Würfel für Gulasch oder Frikassee, kleine Scheibchen für das köstliche Kalbsgeschnetzelte, bis jedes Teil optimal verwertet ist. Was dann noch bleibt, zerkleinert er im Wolf zu Hackfleisch oder Faschiertem, wie die Österreicher sagen, für gute fantasiereiche Zubereitungen.

Das echte Wiener Schnitzel ist natürlich aus Kalbfleisch und wird paniert, damit es schön saftig bleibt. Wenn statt Kalb eine Scheibe vom Schwein verwendet wird, muss das als Schweineschnitzel bezeichnet werden.

Wie in Wien Fleisch paniert wird

Das ist ganz einfach. Man braucht dazu drei Teller: einen für das Mehl, einen zweiten für das verquirlte Ei und einen dritten für die Semmelbrösel. Ich mische unter das Mehl die notwendige Dosis Salz sowie gestoßenen weißen Pfeffer, vielleicht noch etwas Ingwer oder, je nach persönlichem Geschmack, eine Prise Zimt.

Das Kalbsschnitzel – das echte Wiener Schnitzel muss vom Kalb sein –, das Schweineschnitzel oder das Kotelett vorsichtig weich klopfen. Im Mehl wälzen und durch das geschlagene Ei ziehen. Zum Schluss das Fleisch von beiden Seiten in den Semmelbröseln wenden und dabei leicht andrücken. Aufpassen, dass nicht zu viele Semmelbrösel hängen bleiben.

Die Schnitzel schwimmend in Kalbsfett (Schweineschnitzel in Schweineschmalz) ganz langsam braten. Der Kern des Fleisches kann durchaus rosa bleiben. Das Fleisch ist dann saftiger und schmeckt besser. Ich habe lange Zeit wenig von Paniertem gehalten, bis unser Koch im Herrmannsdorfer »Schweinsbräu« mich eines Besseren belehrt hat. Durch das Panieren bleibt das Fleisch schön saftig. Die Panade kann verfeinert werden durch Zugabe von gerösteter Petersilie in den Semmelbröseln.

Kleine Schnitzel »Piccata«

Neben dem bekannten Wiener Schnitzel, z. B. aus der Oberschale, der Unterschale oder der Nuss, kann man auch kleine Schnitzel schneiden, die in Italien »Piccata« genannt werden. Das sind kleine Schnitzel aus Fleischteilen, die nicht so bekannt, aber dafür preiswert sind. Diese Schnitzel sind etwa so groß wie die vier Finger einer Hand oder etwas kleiner. Sie können aus schlankeren Muskelstücken geschnitten werden, die sich für die großen Wiener Schnitzel nicht eignen, z. B. aus der dicken Schulter, der Hüfte, etc. Schnitzel müssen dünn und gleichmäßig geschnitten werden und vollkommen frei sein von Fett und Sehnen. Die Schnitzelchen werden vorsichtig geklopft. Das geht ganz gut, wenn man sie zwischen Pergamentpapier legt und mit dem Handballen darauf klopft. So werden sie größer und zarter. »Piccata milanese« werden leicht mit Mehl bestäubt, in das Salz, Pfeffer und Ingwer gemischt wurden. Statt Ingwer bringt auch Zimt einen interessanten, überraschenden Geschmack. Die Schnitzelchen werden ganz kurz, am besten in Kalbsfett (ersatzweise Butterschmalz) gebraten. Das bringt den feinsten Geschmack! Nicht zu heiß und zu lange, sonst wird das zarte Fleisch trocken und zäh.

In Italien liebt man kleine Kalbsschnitzel, die kurz geklopft und mit Mehl bestäubt werden.

Den leichten Röstansatz in der Pfanne lösen Sie mit etwas Weißwein, salzen, würzen nach und schlagen mit der Gabel einen Löffel Butter unter. Das macht die Sauce sämig. Bei der »Piccata limone« wird Zitrone über das Schnitzel geträufelt und mit einer dünnen Scheibe Zitrone garniert. Bei »Piccata Marsala« kommt statt Wein und Zitrone ein Schuss Marsala dazu.

Kalbswickel oder Kalbfleischpflanzerl

Für Kalbswickel oder Kalbfleischpflanzerl wird Gehacktes verwendet, das mit Fett und kleinen Sehnen durchzogen ist, um das Gericht saftig und wohlschmeckend zu machen. In der heißen Pfanne werden in guter Butter fein gehackte Zwiebeln goldgelb, aber noch glasig geröstet. Petersilie und Champignons kurz darin mitbraten. Über das Gehackte geben, ein Ei, Salz und weißen Pfeffer sowie eingeweichtes Weißbrot hinzufügen. Alles gut durchkneten, bis das Weißbrot untergemischt ist. Von der Masse kleine Portionen abnehmen und in blanchierte Wirsingblätter wickeln. Am einfachsten geht es, wenn Sie in einem kleinen Schöpflöffel das Wirsingblatt legen, sodass es überlappt. Jetzt kommt das Kalbsbrät hinein. Die überlappenden Blätter über dem Brät zusammenschlagen und einrollen. Die Kalbswickel in der Pfanne bei milder Hitze braten, sodass der Kern noch rosig ist. Dazu Roggenvollkornbrot reichen. Kalbswickel gehen schnell und schmecken wegen der Kombination von Wirsing und Fleisch besonders gut. Ohne Wirsingblätter können Sie aus dem Brät kleine oder größere Buletten oder Frikadellen – in Bayern sagt man Fleischpflanzerl – formen und braten.

Kalbsgulasch

Die Fleischwürfel sollten etwa 4 x 4 cm groß sein. Gut eignen sich dafür Teile vom Hals oder von der Haxe. Sie werden kurz und möglichst heiß in Kalbsfett angebraten. Wurzelgemüse mit der groben Scheibe des Fleischwolfes zerkleinern oder entsprechend fein hacken und zusammen mit ungeschälten Knoblauchzehen in einer Kasserolle andünsten, bis alles goldgelb ist. Es wird kein Zucker zum Karamellisieren verwendet und auch kein Wein. Es sollen sich ausschließlich der Geschmack und das Aroma des Wurzelgemüses und des feinen Kalbfleisches miteinander »vermählen«. Mit etwas Fleischbrühe oder besser Kalbsfond auffüllen und die Fleischwürfel dazugeben, sodass sie vollständig von der Flüssigkeit bedeckt sind. Im Ofen bei ca. 180 °C ohne Deckel ca. 30 bis 45 Minuten garen lassen. Das Gulasch auf Tellern anrichten, Blattspinat darum herum verteilen und einen Klecks Crème fraîche darauf geben.

Kalbsgeschnetzeltes

Der Metzger schneidet dafür geeignete Fleischteile in nicht zu kleine Scheibchen. Sie sollten etwa 8 mm dick sein, damit sie innen rosa bleiben und nicht schnell trocken werden. Die Scheibchen sollten solide sein (die Schweizer als Erfinder des Geschnetzelten würden »währschaft« sagen) und nicht in winzige Stückchen »zerfieselt« werden. In der heißen Pfanne in Kalbsfett ganz kurz anbraten. Achtung: Nur so viel Fleisch in die Pfanne geben, dass der Boden bedeckt ist. Sind zu viele Scheiben in der Pfanne und liegen sie zu dicht nebeneinander, wird Wasser aus dem Fleisch gezogen. Die Scheibchen werden dann nicht mehr goldbraun und sind trocken. Aus der Pfanne nehmen und das Fleisch abtropfen lassen.

Eine Erfindung der Schweizer hat sich auch hierzulande durchgesetzt. Zu Kalbsgeschnetzeltem gehören unbedingt Schweizer Rösti.

In der heißen Pfanne werden dann fein gehackte Schalotten goldbraun geröstet und Fleischbrühe oder besser Kalbsfond sowie der abgetropfte Fleischsaft hinzugefügt; die Röststoffe in der Pfanne werden auf diese Weise gelöst. In Scheiben geschnittene Champignons dazugeben. Mit Salz, Pfeffer, Muskat oder Ingwer abschmecken, einkochen lassen, die Sauce mit etwas kalter Butter aufmontieren und zum Schluss die Fleischscheibchen wieder hinzufügen. Sofort servieren, denn die Scheibchen bleiben nur wenige Minuten innen rosa und saftig. Hier liegt das eigentliche Geheimnis für die überzeugende Qualität dieses Gerichtes. Deshalb eignet sich Geschnetzeltes auch nicht zum Tiefkühlen, Wiederaufwärmen und schon gar nicht als Fertiggericht. Geschnetzeltes wird mit gerösteten Kartoffeln (die berühmten Schweizer Rösti) und Blattspinat serviert.

Glasierter Kalbsbraten vom Hals

Der Halsgrat vom Kalb mit Knochen hat ein ganz vorzügliches zartes und etwas fett-durchwachsenes Fleisch von großem Wohlgeschmack. Koteletts lassen sich schlecht daraus schneiden, sie sehen nicht appetitlich aus und es bereitet Mühe, das Fleisch auf dem Teller von den Knochen zu trennen. Man kann natürlich ein gutes Kalbs-gulasch davon schneiden, wie auf Seite 122 beschrieben, aber am besten geeignet ist der Hals für einen guten Sonntags- oder Festtagsbraten.

Das ganze Stück mitsamt dem Knochen wird mit grobem Meersalz und mit zer-stoßenem weißen Pfeffer auf der Fleischseite eingerieben, mit Kalbsfett in einer Kas-serolle angebraten und herausgenommen. Fein gehacktes Wurzelgemüse, wie Selle-rie, Petersilienwurzeln, Möhren, sowie geviertelte Zwiebeln und einige Knoblauch-zehen werden in der Kasserolle bei mittlerer Hitze langsam angedünstet. Unter gele-gentlichem Rühren zwischendurch etwas Zucker auf dem Boden karamellisieren lassen, bis alles goldgelb ist. Kalbsfond dazugeben, den Braten hineinlegen und dann noch so viel Weißwein und Wasser hinzufügen, bis der Braten zur Hälfte in der Sau-ce liegt. Im vorgeheizten Ofen bei 140 °C ohne Deckel garen lassen. Begießen Sie von Zeit zu Zeit den Braten mit der Sauce. Er bekommt langsam eine hellblonde, glasige Haut und ist gar, wenn sich eine Nadel ohne Widerstand leicht einstechen und wie-der herausziehen lässt. Das dauert – je nach Größe – etwa zwei bis drei Stunden. Der Braten wird aus der Kasserolle genommen und mit einem scharfen, kurzen Messer vom Knochen geschält. Er liegt nun in ganzer Schönheit und Zartheit vor Ihnen und wartet darauf, mit einem langen, schmalen Messer in dünne Scheiben geschnitten zu werden. Ein besonderer Trick: Schaben Sie mit einem starken Löffel sorgfältig und ge-duldig das Fleisch von den Höhen und Tälern des Knochengerüstes; es lohnt sich! Sie können ein Löffelchen davon auf jeden Teller legen, aber meistens sind diese zarten, köstlichen Fleischteilchen schon vorher weggenascht.

Ein zarter Kalbsbraten muss mit einem scharfen Messer in dünne Scheiben ge-schnitten werden. Dazu werden eine helle Sauce und fei-nes Gemüse gereicht.

Die Sauce

Die Sauce soll eine helle, ganz milde Sauce sein. Sie können entweder die festen Ge-müsebestandteile absieben oder das Ganze mit einem Rührstab pürieren. Wenn nö-tig, einkochen lassen, nachsalzen und -pfeffern und mit kalter Butter sämig rühren. Die dünnen Scheibchen anrichten, das Fleisch vom Knochen dazugeben und die Sau-ce darum verteilen. Zu dem feinen Braten gehören bissfest gekochtes, feines Gemüse sowie Salzkartoffeln, Reis oder Nudeln, je nach Lust und Laune.

Aus den restlichen Teilen des Kalbs – Knochen, einigen Sehnen, den Füßen – kann man einen kräftigen, gallertigen Kalbsfond kochen, der in der Küche immer Verwen-dung findet. Das Maul wird gebrüht und ist wichtiger Bestandteil der echten »kälber-nen« Weißwürste. Und aus dem Pansen, das ist der große Magen unter den fünf Wiederkäuermägen, entstehen Kalbskutteln: Tripes à la mode – in Frankreich als höchste Delikatesse bekannt.

Kalbsleber

Lassen Sie sich vom Metzger die Kalbsleberscheiben nicht zu dünn schneiden. Sie sollten mindestens 1 1/2 cm dick sein. Dünne Scheiben braten zu leicht und zu schnell durch. Sie sind dann trocken und der feine Geschmack ist verloren. Sie müssen Ihre mögliche Aversion gegen rosa gebratene Leber überwinden. Wenn Sie das geschafft haben, werden Sie sich erfreuen an dem unvergleichlich feineren Geschmack und dem damit verbundenen Genuss von rosa gebratener Leber.

Die rohen Leberscheiben von den feinen Äderchen und Häuten befreien. Das wird aus ästhetischen Gründen gemacht und weil sie beim Kauen unangenehm sind und den Genuss stören. Ich würze dann auf folgende, zugegeben ungewöhnliche Art: Ich vermische etwas Mehl mit Salz, feinem weißem Pfeffer, ein wenig Ingwer und stäube die Leberscheiben damit ein. Statt Ingwer nehme ich manchmal auch Zimt. Das schmeckt interessant, wenn man Zimt mag.

Die Scheiben in gutem Kalbsfett kurz auf beiden Seiten anbraten, aber nicht zu braun werden lassen. Von der Kochstelle nehmen und 5 Minuten ziehen lassen, damit die Hitze von außen nach innen wandern kann. So werden die Kalbsleberscheiben gleichmäßig rosa und zart, sind also nicht mehr roh und blutig, aber auch nicht durchgebraten. Das Eiweiß ist koaguliert, wenn die Kerntemperatur von 48 bis 50 °C erreicht ist. Die Enzyme und die Vitamine – vor allem das wertvolle Vitamin A, an dem die Leber so reich ist – sind so noch überwiegend erhalten. Gebräunte Apfel- und Zwiebelringe runden die Leber »Berliner Art« ab.

Kalbsleber wird beim Braten leicht trocken, deshalb sollten die Scheiben nicht zu dünn sein. Zur Leber »Berliner Art« gehören gebräunte Apfel- und Zwiebelringe.

Kurzgebratenes vom Kalb

Für Kurzgebratenes empfehlen sich drei Fleischstücke vom Kalb:

- Kotelett, etwa zweieinhalb Zentimeter gleichmäßig dick geschnitten, das Rückgrat entfernt, sodass nur noch die Rippe vorhanden ist, die das Ganze zusammenhält. Alle Sehnen sind sorgfältig entfernt.
- Lendenstück, das zweieinhalb Zentimeter dick geschnitten ist, von allem Fett und allen Sehnen befreit ist und aus dem Inneren des oben erwähnten Koteletts stammt.
- Ein zweieinhalb Zentimeter dickes Medaillon aus der Nuss oder der Hüfte. Die Oberschale sollte für das berühmte Wiener Schnitzel reserviert bleiben.

Ganz wesentlich ist, dass die Scheiben gleichmäßig dick sind. Nur so werden sie auch an allen Stellen gleichmäßig gar. Ich würze mit etwas Zimt (passt erstaunlich gut zum zarten Kalbfleisch), Ingwer und weißem Pfeffer und bestäube mit ganz wenig Mehl. Salz kommt später dazu. Sie wissen ja: Salz zieht Wasser aus dem Fleisch und macht es trocken.

Die abgeschnittenen Sehnen, Knochen und Fleischreste – der Metzger tut sicher noch gerne etwas dazu – in gutem Kalbsfett (ersatzweise Butterschmalz) goldbraun rösten; das geht ganz schnell. Das Geröstete kommt mit wenig Wasser in den Schnellkochtopf und wird ca. fünf Minuten unter Druck gesetzt. Fertig ist ein kräftiger Saucenfond. Das Fleisch behutsam bei mittlerer Hitze in Kalbsfett braten. Auf jeder Seite wenige Minuten, bis sich zartes Röstbraun an der Oberfläche zeigt. Aus der Pfanne nehmen, mit Alufolie abdecken und warm stellen. Das Fleisch braucht einige Zeit Ruhe. Den Fond in die Pfanne gießen, die Röststoffe auflösen und viel Sahne dazugießen. Wie viel, muss man selbst herausfinden. Aber bitte nicht sparsam mit der Sahne umgehen, denn Geschmack und Aroma sind an Fett gebunden und nicht an Wasser.

In die Sahnesauce gehören klassisch schwarze Morcheln, die, wenn sie getrocknet sind, zuerst in warmem Wasser eingeweicht werden müssen. Shiitake-Pilze passen ebenfalls vorzüglich dazu. Die Morcheln oder Pilze mitsamt dem Einweichwasser in die Sauce geben. Einkochen lassen, bis die gewünschte cremige Konsistenz erreicht ist. Salzen und nachwürzen, eine Messerspitze Fleischextrakt ist erlaubt. Die warm gehaltenen Kalbfleischstücke sind inzwischen gut und gleichmäßig durchgezogen und butterweich. Wenn die gewünschte Kerntemperatur von ca. 55 °C noch nicht erreicht ist, nochmals kurz erhitzen. Auf heiße Teller legen, die kochende Sauce darüber gießen und die Morcheln oder Pilze dekorativ um das Fleisch herum anordnen. Wilder Reis passt gut dazu, das Gemüse müssen Sie selbst aussuchen.

Zum Kurzbraten müssen die Fleischscheiben gleichmäßig dick sein, damit sie an allen Stellen auch gleichmäßig gar werden. Klassisch gehört dazu eine Sahne-Morchel-Sauce.

Kalbshaxe

Für eine zarte Kalbshaxe können Sie wählen zwischen der vorderen und der hinteren Haxe. Die erste ist kleiner und zarter und reicht für etwa 2 bis 3 Personen, die hintere ist deutlich größer und etwas fester und reicht für 3 bis 4 Personen. Die äußeren Häutchen und Sehnen müssen unbedingt fein säuberlich abgetrennt werden. Wer nichts ungenutzt wegwerfen möchte, lässt die sehnigen Häutchen nebenher köcheln. So entsteht eine gallertige Brühe, die man ganz zum Schluss zur Haxe hinzufügt und damit Geschmack und Konsistenz noch steigert.

Würzen Sie die Haxe mit wenig Salz und Pfeffer und vielleicht etwas Ingwer, sodass der zarte Kalbfleischgeschmack erhalten bleibt. Die Haxe wird in einer schweren Kasserolle in gutem Kalbsfett bei mittlerer Hitze so lange gebraten, bis sie ringsherum schön braun ist. Dann wird die Haxe mit verschiedenen Gemüsesorten – je nach Saisonangebot mit Möhren, Sellerie, Zwiebeln (kein Knoblauch), Lauch, Fenchel, Petersilienwurzeln und Kartoffeln – bedeckt. Das Gemüse ist in schöne Scheiben oder Würfel geschnitten.

Dazu kommt Flüssigkeit, Wasser und Weißwein, den Sie später auch zum Essen servieren wollen. Noch besser für den Geschmack ist die Kombination von Rinderbrühe und Weißwein. Ganz besonders gut wird es mit Rinderbrühe, Weißwein und Kalbsfond. Den Deckel darauf setzen und die Haxe und das Gemüse im Ofen bei 150 bis 180 °C langsam gar dünsten lassen. Der Geschmack und die Aromen von Fleisch, Gemüse, Wein und Gewürzen vereinigen sich zu einem wunderbaren Bouquet. Das Ganze dauert etwa 1 1/2 bis 2 Stunden. Die Haxen sind gar, wenn sich das Fleisch leicht vom Knochen lösen lässt.

Ich löse das Fleisch von den Knochen, sodass die kleinen Muskelpartien in ihrer ganzen ästhetischen Schönheit auf den Teller gelangen. Sie können die einzelnen Stücke auch wieder in die Kasserolle legen und diese dampfend auf den Tisch stellen, weil das eine Freude für Augen und Nase ist. Jeder kann sich dann mit Fleisch, Gemüse und Schmorsaft selbst bedienen, wie er mag.

Achten Sie beim Kauf einer Kalbshaxe auf die Qualität und die Herkunft der Kälber, denn die meisten kommen leider heute aus Intensivhaltung. Die Haxen sind gar, wenn sich das Fleisch leicht vom Knochen lösen lässt.

Schweinekotelett

Das Kotelett muss mindestens zwei Zentimeter dick geschnitten sein, und zwar gleichmäßig! Der Rückenwirbel muss abgeschlagen werden, damit das Kotelett sich beim Braten nicht verzieht. Das Fleisch soll marmoriert sein, von kräftig roter Farbe und trockener Oberfläche. Übrigens: Das Nackenkotelett ist saftiger als das Stielkotelett. Helles, wässriges Fleisch zieht sich beim Braten zusammen, wird zäh und schmeckt nicht. Wenn nötig, überschüssiges Fett vom Rand wegschneiden, ebenso lose anhängende Fleisch- und Knochenstückchen, sie werden noch verwendet.

Die Koteletts würzen, aber kein Salz hinzufügen. Schweinefleisch verträgt mehr Gewürze als Rindfleisch. Schwarze Pfefferkörner, eine Wacholderbeere sowie Korianderkörner werden im Mörser zerstoßen. Etwas geriebener Ingwer und Zitronenschale oder einige Spritzer Zitronensaft eignen sich ebenfalls. Auf einem Rosmarin- und Thymianzweig gebraten erhält das Fleisch eine mediterrane Note.

In die heiße Pfanne ganz wenig Schweineschmalz oder, wenn nicht vorhanden, Butterschmalz geben. Die gewürzten Koteletts und die abgeschnittenen Fett- und Fleischstücke in die Pfanne geben, dazu eine ungeschälte Knoblauchzehe sowie etwas getrocknete Pilze. Die Fleischstücke ganz kurz von beiden Seiten anbraten, aber nur so lange, bis die Oberfläche braun ist. Die Pfanne vom Feuer nehmen und an einem warmen Platz stehen lassen. Das Wärmen zwischendurch hat auch hier den

Schweinefleisch verträgt mehr Gewürze als Rindfleisch. Ein Schweinekotelett vom Nacken ist saftiger als ein Stielkotelett.

Sinn, die Hitze von außen in den Kern vordringen zu lassen, das Fleisch schnittfest zu machen – und zart! Das Fett abgießen und die in der Pfanne gebildeten Röststoffe mit etwas Wasser, oder besser Brühe, auflösen und langsam einkochen. Die Feststoffe absieben, einen Schuss Weißwein sowie Salz in die Sauce geben.

Legen Sie die Fleischstücke in die Pfanne zurück und lassen Sie sie bei kleiner Hitze noch einen Augenblick weiterbraten. Wenn Sie mit der Gabel den Gartest machen, darf die Gabel nicht mehr federn, das Fleisch sollte sich aber auch nicht hart und fest anfühlen. Die Kerntemperatur ist jetzt 65 bis 68 °C. Auch Schweinefleisch schmeckt viel besser, wenn es innen noch etwas rosa ist. Die Koteletts erst auf dem Teller mit grobem Meersalz salzen, ein jeder so viel er mag.

Geschnetzeltes mit Gemüse

Nehmen Sie frisches Gemüse, bunt, wie es die Jahreszeit und möglichst die Region bieten, z. B. Möhren, Sellerie, Fenchel, Kohlrabi, rote, gelbe, grüne Paprika. Schneiden Sie alles in möglichst gleichmäßige kleine Scheibchen. Ein Apfel passt ebenfalls geschmacklich gut dazu.

Schweinefleisch, sorgfältig von Sehnen und Häutchen befreit, wird in etwa 10 mm dicke, daumengroße Plättchen geschnitten. Sie brauchen zwei Pfannen, da Gemüse und Fleisch unterschiedliche Garzeiten haben. Das Gemüse wird in reichlich Olivenöl bei kleiner Flamme gegart, bis es noch knackig, aber nicht weich gekocht ist. Machen Sie eine Geschmacksprobe.

Das geschnetzelte Fleisch wird in Schweineschmalz (oder Butterschmalz) ganz, ganz kurz angeröstet. Das dauert gerade zwei Minuten bei gelegentlichem Wenden. Wichtig ist, dass die Fleischplättchen nicht übereinander liegen, sondern den Boden der Pfanne gerade bedecken, weil ansonsten die austretende Flüssigkeit den Röstprozess verhindert. Im Zweifel in kleinen Portionen hintereinander braten.

Die gerösteten Fleischplättchen, die innen noch rosa sind, werden ganz zum Schluss, wenn alle schon am Tisch sitzen, in die Pfanne mit dem Gemüse gegeben und noch ganz kurz gewärmt. Das Fleisch muss unbedingt auch am Ende innen rosa sein. Nur so ist es saftig, zart und wohlschmeckend. Das Verhältnis Fleisch zu Gemüse müssen Sie selbst bestimmen. Ich empfehle zwei Drittel Gemüse und ein Drittel Fleisch. Salzen, pfeffern, würzen, je nach Geschmack mit frischen Kräutern und frisch gestoßenen Gewürzen. Das geht ganz schnell und einfach und Gemüse und Fleisch ergänzen sich auf das Feinste. Mit etwas Übung ist das Gericht in zehn Minuten fertig und kann geschmacklich unendlich variiert werden, ist preiswert und sehr gesund, da durch den kurzen Garprozess kein wertvolles Leben zerstört wird. Die geschmackliche Fülle kann durch die Zugabe von gutem Kalbsfond ganz am Ende des kurzen Kochprozesses noch gesteigert werden.

Ein schnelles, aber ausgesprochen delikates Gericht ist Schweinegeschnetzeltes mit Gemüse. Bei der Auswahl und Menge der Gemüsesorten im Verhältnis zum Fleisch können Sie Ihrer Fantasie freien Lauf lassen.

Eine knusprige Schweinshaxe

Es gibt die hintere und die vordere Schweinshaxe, die hintere hat mehr Fleisch, die vordere ist saftiger. Reiben Sie die Haxe mit Salz – was bei Kurzbratstücken sonst nicht erlaubt ist – und Pfeffer ein. In den Bräter kommen ein Finger hoch Wasser mit einem ordentlichen Schuss Essig (etwa ein Schnapsglas voll), eine ganze Zwiebel, mehrere ungeschälte Knoblauchzehen, ein Lorbeerblatt und ein dicker Stich Butter. Die Haxe dazugeben und bei mittlerer Hitze mit geschlossenem Deckel 1 Stunde im Ofen köcheln lassen. Die Schwarte saugt sich mit Wasser und den köstlichen Aromen der Küchenkräuter voll. Das ist die Voraussetzung dafür, dass sie später wirklich kross und knackig wird.

Bei starker Oberhitze von ca. 180 °C und ohne Deckel im Backofen fertig garen. Das dauert etwa eine weitere Stunde. Das Wasser ist bald verdunstet. Die Hitze des Backofens bringt das Wasser in der kollagenhaltigen Schwarte zum Verdampfen, sprengt den Zusammenhalt auf und macht sie schließlich so schön braun und kross, dass es zwischen den Zähnen kracht, wenn Sie hineinbeißen. Aus den Röststoffen wird im Bräter oder der Kasserolle die Sauce bereitet.

Das A und O bei Haxe und Schweinebraten ist das knusprige Äußere. Da darf die Schwarte richtig krachen.

Der Schweinebraten

Für den Schweinebraten eignet sich am besten ein gut durchwachsenes Stück vom Nacken oder, wie es in Süddeutschland heißt, Halsgrat. Lassen Sie sich den Wirbelknochen auslösen und mitgeben. Halsgrat ist das saftigste Stück vom Schwein. Da es so gut durchwachsen ist, braucht man zum Anbraten wenig oder gar kein Fett. Sehr gut schmecken auch Schweineschulter mit Speck und Schwarte ohne Knochen oder Bauchfleisch (bayr. Wammerl) mit Schwarte. Sie wird kreuzweise eingeschnitten und mit der Schwarte nach unten in etwas mit Essig verdünnte Flüssigkeit (Brühe oder Wasser) gelegt. Beim Erhitzen dringt die Flüssigkeit in die Schwarte ein. Die Poren saugen sich damit voll. Für einen Schweinebraten sollte man kein Stück vom Schinken verwenden, da er zu mager ist und trocken wird. Das Muskelfleisch muss eine kräftig rote Farbe haben, fest und trocken sein, von feinen Fettäderchen durchzogen, darf aber nicht wässrig sein. Der Speck muss weiß und fest sein.

Die zerkleinerten Wirbelknochen in den Bräter (bayr. Reine) geben. Dazu wenig Schweineschmalz, einige ungeschälte Knoblauchzehen, einen Zweig Thymian, eine geviertelte Zwiebel sowie Wacholderbeeren. Das Fleisch mit Pfeffer, Muskatnuss und zusätzlich Ingwer, Kümmel, Fenchel, Piment kräftig einreiben. Die Körner werden vorher im Mörser zerstoßen, Muskatnuss und Ingwer frisch gerieben. Das Fleisch nicht salzen und mit der Schwarte nach unten auf die Knochen legen. Die Schwarte muss, wie oben beschrieben, ganz in der Flüssigkeit liegen, damit sie sich voll saugen kann. Im Backofen bei 200 °C so lange braten, bis die Oberfläche schön goldbraun ist. Das dauert bei einem kleinen Stück etwa 30 Minuten, bei einem größeren 1 Stunde. Die Flüssigkeit ist inzwischen verdunstet. Den Braten wenden und kurze Zeit nochmals sehr heiß garen. Die Flüssigkeit, die in die Schwarte eingedrungen ist, macht die Schwarte auf diese Weise schön knusprig, weil das Wasser in der Schwarte unter der starken Oberhitze verdampft und sie dadurch »aufbricht« und knusprig macht. Der Braten sollte eine Kerntemperatur von etwa 60 bis 65 °C haben. Den Braten herausnehmen, mit Alufolie abdecken und 30 Minuten an einem warmen Ort ruhen lassen. Die äußere Hitze verteilt sich auf diese Weise langsam im Inneren des Fleisches und macht es zart und mürbe.

Der Klassiker braucht Sauce

Während der Braten ruht, wird die Sauce bereitet. Die Knochen aus dem Bräter mit Wasser und/oder Brühe ablöschen. Einkochen lassen, erneut ablöschen und wiederum einkochen lassen. Diesen Vorgang mehrmals wiederholen. Die eingekochte Sauce durch ein Sieb streichen, salzen und nach Belieben noch mit etwas Crème fraîche abschmecken. Den Braten mit einem scharfen Messer in dünne Scheiben aufschneiden. Die Scheiben mit Meersalz würzen. Dazu schmecken am besten Semmel- oder Kartoffelknödel und Blaukraut.

Zum Schweinebraten isst man in Bayern am liebsten Semmelknödel und Blaukraut (Rotkohl).

Lammbraten – mediterran

Bei der klassischen Zubereitungsart in Frankreich und England wird die Lammkeule mit dem Röhrenknochen im Ganzen gebraten und das Fleisch bleibt innen rosa. Das erfordert große Sorgfalt, viel Zeit für den Koch und eine große Anzahl hungriger Gäste. Rund um das Mittelmeer und auf den Mittelmeerinseln mit der Kultur der Schafhirten wird die Lammkeule bäuerlicher und »hirtenmäßiger« zubereitet.

Die Keule, die Schulter und der Hals (Kotelett und Filet sind zu wertvoll) werden mitsamt den Knochen mit einem schweren Messer in faustgroße Stücke zerteilt. Der Gast aus Mitteleuropa hat dann ein Problem: Wo sitzt der Knochen? Ich löse die Knochen vor dem Zerteilen deshalb fein säuberlich heraus – das macht für Sie der Metzger – und schneide die faustgroßen Stücke (orientieren Sie sich dabei an zarten Damen- oder Kinderhänden) nach der natürlichen Struktur der Muskeln. Die Stücke werden mit einer Mischung aus wenig Mehl, Salz und Pfeffer kräftig eingerieben und in Kalbsfett oder Schweineschmalz kurz scharf angebraten. Die Südländer nehmen stattdessen Olivenöl. Ich gebe das kostbare Olivenöl erst ganz zum Schluss zum fertigen Braten, damit der Geschmack des Öls und seine wertvollen Inhaltsstoffe erhalten bleiben. Nach dem Anbraten kommen ein Schuss Rotwein und ein guter Fond in den Topf, bis das Fleisch zur Hälfte bedeckt ist, klein geschnittene Kartoffeln, die die Sauce sämig machen, sowie einige Oliven, möglichst schwarze, und ganze Knoblauchzehen sowie 1/2 Zitrone, beides mit der Schale. Die Entscheidung, wie viel Knoblauch Sie und Ihre Gäste vertragen, liegt bei Ihnen.

Richtig mediterran wird der Lammbraten mit Knoblauch, Fenchel, Rosmarin und Oliven.

Das Lammfleisch zugedeckt etwa 1 1/2 Stunden bei 180 °C im Backofen schmoren lassen. Die Temperatur auf 140 °C reduzieren und 45 Minuten weiterschmoren lassen. Möhren und Zwiebeln werden am Ende kurz mitgeschmort, das ergibt eine sämige Sauce. Und ganz zum Schluss erhält das Fleisch die einzigartige Note: durch Fenchelsamen und Fenchelgrün sowie etwas Petersilie. Sie dürfen aber nicht zu lange mitschmoren, da sonst das feine Aroma, der gute Duft und der würzige Geschmack zerstört würden. Das Ganze noch einmal abschmecken und falls nötig salzen.

Erst beim Anrichten etwas Olivenöl über die warmen Fleischstücke träufeln, damit die Oberfläche schön glänzt. Dazu schmecken halbierte gebratene Kartoffeln in der Schale, das unterstreicht den rustikalen Charakter des Gerichts. Diese Zubereitungsart eignet sich auch für Stücke von der Schweineschulter, die gut durchwachsen sind und eine kernige Fettschicht haben.

Lammrücken im Ganzen gebraten

Ein kräftiger Lammrücken, der so lang wie die Spanne einer Männerhand ist, reicht für 3 bis 4 Personen. Ein schweres Lamm aus Deutschland, Frankreich und England schmeckt unvergleichlich viel besser als die jungen kleinen Lämmer aus Neuseeland. Bitten Sie den Metzger, die dünne Haut auf dem Fett der Außenseite zu entfernen und falls nötig die Filets herauszutrennen, denn sie werden extra gebraten. Bereiten Sie eine Gewürzpaste aus Öl, Salz, am besten Meersalz, grob gemahlenem schwarzem Pfeffer, gehacktem Knoblauch und Thymian zu. Der Rest bleibt Ihrer Fantasie überlassen: Sie können noch Piment, Muskatnuss, Wacholderbeeren, Rosmarin und Senf hinzufügen. Streichen Sie die Paste auf den Lammrücken und legen Sie das Fleisch mit der Knochenseite nach unten in einen Bräter. Wenn der Lammrücken fett ist, brauchen Sie kaum Bratfett dazuzugeben. Den Bräter bei 200 bis 250 °C in den Backofen schieben und die Oberfläche bräunen lassen, die Gewürze in der Paste dürfen aber nicht verbrennen. Die Temperatur auf 150 °C herunterschalten und die überschüssige Hitze kurz entweichen lassen. Den Lammrücken 20 Minuten im Ofen garen lassen, aus dem Bräter nehmen und warm stellen. Die Hitze hat so Zeit, von außen ins Innere des Fleisches zu wandern. Das Fleisch wird auf diese Weise gleichmäßig rosa, lässt sich gut schneiden und ist nicht mehr blutig.

Das Aufschneiden des gegarten Lammrückens kommt einer Zeremonie gleich: Auf einem Brett werden entlang des Rückgrats dünne Scheiben abgeschnitten.

In der Zwischenzeit die Sauce, das Gemüse und die Beilagen zubereiten. Für die Sauce ist der Bratensatz eine ideale Grundlage. Wenn sich zu viel Lammfett angesammelt hat, das Fett abschöpfen, den Bratensatz mit etwas Brühe oder Wasser ablöschen und einige Minuten einkochen lassen. Einige Stückchen kalte Butter unterschlagen, der Fachmann nennt das Montieren. Das macht die Sauce schön sämig. Den Lammrücken noch einige Minuten im heißen Ofen erwärmen. Die Kerntemperatur des Fleisches sollte 55 °C nicht überschreiten. Das Aufschneiden des Fleisches sollten Sie zelebrieren. Dazu brauchen Sie ein Schneidebrett mit Ablaufrinne, ein langes, dünnes, scharfes Messer und eine Fleischgabel. Beginnen Sie mit dem Aufschneiden längs des Rückgrats. Schneiden Sie eine dünne Scheibe (ca. 8 mm) nach der anderen und lösen Sie zum Schluss alle Scheiben von den Rippenknochen. Das ist am Anfang nicht ganz leicht, aber mit etwas Übung kein Problem mehr. Dabei bleibt noch viel Fleisch am Knochen, das mit einem Esslöffel abgeschabt und mit den Fleischscheiben serviert wird. Die Sauce wird um die Scheiben herum verteilt und auf das Schabefleisch geträufelt. Etwas Meersalz, besser noch »Fleur de Sel«, auf den Fleischscheiben erhöht den Genuss. Traditionell passen zu Lamm feine grüne Bohnen oder Preiselbeeren. Die Schnittführung des Fleisches habe ich vor vielen Jahren im berühmten Londoner Restaurant »At Simpson's in the Strand« gelernt.

Aus den Lammrückenknochen können Sie eine köstliche Suppe zubereiten. Die Knochen in kaltem Salzwasser mit Kräutern, unbedingt Thymian, einer Knoblauchknolle und Zwiebel langsam aufkochen und köcheln lassen. Abkühlen lassen, das Fleisch vom Knochen lösen und in die Suppe geben. Die Brühe mit Salz und Pfeffer würzen und mit Zitronensaft abschmecken. Naturjoghurt hinzufügen, der in der heißen Suppe gerinnt, so wie es gewollt ist. Mit frisch gehackter Petersilie bestreuen.

Lammschulter in Gemüse gedünstet

Eine Schulter von einem gut gemästeten Weidelamm mit Schaufelknochen und Röhrenknochen, aber ohne die Haxe, wird pariert und von Häuten befreit. Eine Mischung aus Meersalz, grobem schwarzem Pfeffer und etwas geriebener Muskatnuss rundherum gut einmassieren.

Nun wird die Schulter im Bräter mit Rinderfett, Schweineschmalz oder Kalbsfett oder, wenn Sie die guten Fette vom Tier nicht im Haus haben, mit Butterschmalz scharf angebraten, bis beide Seiten goldbraun sind. Eine halbierte Knoblauchknolle sowie zwei geviertelte Zwiebeln mitbraten lassen, bis sie goldgelb sind.

Füllen Sie den Bräter mit einem Fleischfond auf, sodass die Schulter halb von der Flüssigkeit bedeckt ist. Statt Fleischfond können Sie es auch einmal mit Bier versuchen, oder Sie nehmen Wasser und Weißwein. Experimentieren macht Spaß und die Geschmäcker sind bekanntlich verschieden. Bedecken Sie die Schulter mit mehreren Lagen Kohlblättern, die vom Stiel befreit sind. Sie können Weißkohl verwenden oder den noch feineren Spitzkohl. Geben Sie Wurzelgemüse, das Sie gerade verfügbar haben dazu, z. B. Sellerie, Möhren, Fenchel etc. Dazwischen verteilen Sie Gewürze und Kräuter Ihrer Wahl, wie Fenchelsamen, die gut zu Lamm passen, einen Thymian- oder Rosmarinzweig, Wacholderbeeren, Piment, Nelken etc. Das Fleisch soll bei geschlossenem Deckel in der Feuchtigkeit garen, die vom Fond, vom Bier oder vom Wasser gebildet und noch durch die Feuchtigkeit und die Aromastoffe im Gemüse angereichert wird.

Lassen Sie den Bräter mit geschlossenem Deckel etwa 1 1/2 bis 2 Stunden bei mittlerer Hitze von 150 bis 160 °C garen. Öffnen Sie den Deckel erst dann, wenn die Familie oder die Freunde am Tisch versammelt sind. Der Duft beim Öffnen ist verführerisch. Da geht ein großes Raunen und Staunen durch die Runde. Die Schulter wird aus dem Bräter genommen und auf dem großen Brett am Tisch tranchiert. Das Fleisch ist gar, wenn der Schaufelknochen sich ohne Mühe herauslösen lässt. Die einzelnen Fleischstücke lassen sich nach den verschiedenen Muskelpartien gut voneinander trennen und liegen dann ganz leicht zum Portionieren bereit.

Die Teller werden angerichtet: ein Stückchen Fleisch, dazu die kräftige und typische Sauce und das Gemüse. Schmeckt gut und tut gut!

Nach dem Anbraten wird die Lammschulter in Flüssigkeit gegart. Das kann zur Abwechslung auch mal Bier sein. Ganz wichtig ist dabei das Gemüse: Kohl und/oder Wurzelgemüse.

Bildnachweis

FoodPhotography Eising 84;
Emil Perauer 53, 131; Günther
Postler 57–58, 60–61, 64–65;
Christian R. Schulz 85; Georg
Schweisfurth 95, 97, 108, 111,
117, 118, 124, 127, 128; Stock-
Food/Walter Cimbal 107; Stock-
Food/Susie Eising 121; Stock-
Food/Fadigati 105; StockFood/
Simon Smith 133